DICTIONNAIRE

POLITIQUE

NAPOLÉONIEN

OPINIONS, PENSÉES, MAXIMES

extraites des ouvrages de

LOUIS-NAPOLÉON BONAPARTE

PRÉSIDENT DE LA RÉPUBLIQUE

ET CLASSÉES ALPHABÉTIQUEMENT

PAR

ALFRED D'ALMBERT.

PARIS

LIBRAIRIE FURNE, boul. Montmartre, 22. | AD. GOUBAUD, Rue Neuve-Vivienne, 42.

1849

PRÉFACE.

Notre époque veut la clarté; tous principes doivent être nets, précis, arrêtés.

L'ambiguité n'est plus possible ; l'éclectisme politique a fait son temps. Le majestueux silence du pouvoir, laissant tout attendre, tout espérer, pour ne se prononcer qu'en face d'une situation déblayée et de faits accomplis, serait aussi mal venu aujourd'hui, que le bon plaisir de la puissance royale.

Au peuple qui commande, qui dirige, qui choisit par son vote les élus appelés à la souveraine puissance, il faut des paroles franches, des théories honnêtes, des engagements assez forts pour lier tout un avenir.

Les hommes sont choisis en connaissance de cause: leurs précédents, leur popularité, leurs écrits, les services rendus, le prestige du nom, la sympathie des masses, tout contribue à déterminer le choix de la majorité des citoyens.

Lorsqu'un candidat postule la représentation nationale, les électeurs exigent de lui une profession de foi contenant l'exposé de ses principes. S'il s'écarte des voies indiquées, on l'accuse ou d'apostasie, ou de duplicité envers ses commettants.

A plus forte raison doit-on désirer connaître la pensée de celui qui, dans la hiérarchie élective, occupe la position la plus élevée.

Il ne s'agit plus seulement alors d'une simple synthèse politique; il faut une analyse générale, étendue.

La forme du gouvernement laisse peser la responsabilité sur le chef de l'État et lui donne, par cela même, le pouvoir de diriger dans les voies qui lui sont propres. Autrement il ne pourrait sauvegarder cette responsabilité, et se mettre à l'abri des reproches des partis.

On doit donc désirer savoir l'opinion du premier magistrat de la République, sur les questions dont la solution occupe tous les esprits, dont l'appréciation est soumise à l'Assemblée Législative.

Le manifeste publié par le Prince Louis-Napoléon Bonaparte, avant son élection à la Présidence de la République, est l'exposé exact de ses tendances, de ses intentions, de ses volontés pour l'avenir de la France. Et depuis l'élection du 10 Décembre, les préceptes énoncés dans ce manifeste, ont été rigoureusement suivis, leur application a produit une amélioration évidente dans l'état des esprits, et dans la situation matérielle.

Mais on doit vouloir pénétrer dans de plus grands détails les pensées de celui auquel sont confiées les destinées de la France.

Depuis 1832, le Prince Louis-Napoléon Bonaparte a écrit un grand nombre d'ouvrages politiques et militaires. Il a formulé un jugement sur toutes les matières essentielles ; il n'est point de grande question qui, çà et là, éparses dans ses œuvres, ne soit appréciée.

Le livre que nous publions aujourd'hui, n'est autre chose que l'extrait des maximes, des opinions, des préceptes qu'il a précédemment imprimés, et que nous avons recueillis, mis en ordre et classés alphabétiquement.

C'est simplement un travail de nomenclature que l'étude constante des écrits du Prince Louis-Napoléon nous a rendu facile, mais qui sera, nous l'espérons, d'une incontestable utilité pour le public. Au lieu de rechercher dans un grand nombre de volumes ce que pense le Président de la République sur telle ou telle question, on le saura à l'instant même à l'aide de ce Dictionnaire.

Pour beaucoup de gouvernants, une semblable production deviendrait un obstacle, ou une sanglante satire. Mais le Prince Louis-Napoléon, constant dans ses croyances, inébranlable dans ses vues, n'a point un tel danger à redouter : la fermeté de son esprit est égale à la courageuse énergie de son caractère ; ce qu'il souhaitait dans l'exil, ce qu'il réclamait au fond d'une prison, il le veut toujours au faîte de la puissance.

La plupart des hommes qui se sont succédés aux affaires, arrivaient sans principes arrêtés, et conciliaient les exigences du moment, avec les besoins de leur intérêt personnel.

Le prince Louis-Napoléon, au contraire, a formulé un Code politique, dont il maintiendra la stricte observation et c'est de son application que nous devons attendre une ère nouvelle de grandeur et de gloire.

A

Abolition de l'esclavage. — Abondance. — Acteur. — Administration. — Aisance. — Aiguillon. — Alliance. — Alliance anglaise. — Anarchie. — Anarchiste. — Armée. — Armes à feu. — Artillerie. — Assistance publique. — Association. — Autorité. — Avancement. — Avenir. — Avenir Napoléonien.

Abolition de l'esclavage.

Si la grande question de l'abolition de l'esclavage eut été conduite par des gouvernements, par des hommes voulant sincèrement le bien de l'humanité, c'est-à-dire la prospérité de la race blanche et de la race noire, ils eussent d'abord habitué les esclaves de leurs colonies, en les soumettant à un apprentissage graduel, à passer insensiblement du travail forcé au travail libre.

(Traite des nègres, les philantropes et le droit de visite.)

— La propriété des deux tiers de l'Amérique dépendait de l'esclavage et de la traite.

(Ibid.)

— Au bienfait de la liberté pour les noirs, est venu s'ajouter la compensation d'une indemnité pour les colons. Une équitable répartition sera, il faut l'espérer, un élément de paix, de travail et de prospérité.

(Message à l'Assemblée législative.)

Abondance.

C'est une consolation, au milieu de toutes nos épreuves, de voir l'abondance des produits promettre à nos populations le bon marché de nos denrées alimentaires.

(Message à l'Assemblée législative.)

Acteur.

Ici bas, tous les hommes sont plus ou moins acteurs ; mais chacun choisit son théâtre et son auditoire, et met tous ses efforts, comme toute son ambition, à obtenir le suffrage de ce parterre de son adoption ; semblables à Alexandre, qui, sur les bords de l'Indus, pensait à l'approbation des Athéniens, comme à la plus belle récompense de ses travaux.

(Fragments historiques.)

Administration.

Une bonne administration se compose d'un système régulier d'impôt, d'un mode prompt et égal pour les pouvoirs, d'un système de finances qui assure le crédit, d'une magistrature considérée, qui fasse respecter la loi ; enfin, d'un système de rouages administratifs, qui porte la vie du Centre aux extremités, et des extrémités au Centre.

(Des idées napoléoniennes.)

— Les bureaux seuls décident les questions importantes ; ce sont eux qui, réellement, administrent le pays, et les directeurs en sous-ordre exercent sur les ministres l'influence naturelle qu'ont les hommes spéciaux sur ceux qui ne le sont pas ; les hommes qui restent en place sur ceux qui changent.

(*Les spécialités, Progrès du Pas-de-Calais.*)
1er novembre 1843.

—Quelque soit la politique du gouvernement, il faut à la France une armée, une administration, une agriculture, une industrie, un commerce, des rapports avec les nations étrangères ; tous ces différents intérêts ne seront bien réglés dans leurs détails que par des hommes spéciaux.

(*Ibid. du* 17 *novembre* 1843.)

Agriculture.

L'agriculture est le premier élément de la prospérité d'un pays, parce qu'elle repose sur des intérêts immuables et qu'elle forme la population saine, vigoureuse, morale des campagnes.

(Analyse de la question des sucres.)

— Il est avéré que l'extrême division des propriétés tend à la ruine de l'agriculture, et cependant le rétablissement de la loi d'aînesse, qui maintenait les grandes propriétés et favorisait la grande culture, est une impossibilité. Il faut même nous féliciter, sous le point de vue politique, qu'il en soit ainsi.

(Extinction du paupérisme.)

— Notre loi égalitaire de la division des propriétés ruine l'agriculture; il faut remédier à cet inconvénient par une association qui, employant tous les bras inoccupés, recrée la grande culture sans aucun désavantage pour nos principes politiques.

(Ibid.)

— L'agriculture et l'industrie étant les deux causes de vitalité, tandis que le commerce extérieur n'en est que l'effet, un gouvernement sage ne doit jamais sacrifier les intérêts majeurs des premiers aux intérêts secondaires des derniers.

(Analyse de la question des sucres.)

—Quelque tyrannique que fût le joug du propriétaire foncier, quelque vexatoires que fussent les dîmes et les servages, le seigneur féodal ne pouvait séquestrer complètement à son profit cette terre sur laquelle ses vassaux respiraient, marchaient, dormaient, et où du moins le soleil venait éclairer leur misère.

(Ibid.)

—L'aristocratie territoriale a été vaincue en France, la poudre a renversé ses donjons, et la révolution a dit au peuple : Cette terre que tu foules aux pieds que tu arroses de tes sueurs, qui sans toi resterait inculte, prends-là, je te la donne. Le peuple se l'est partagée, et le sol n'en a été que plus fécond.

(Ibid.)

Le premier devoir d'un administrateur sage et habile est de s'efforcer, par l'amélioration de l'agriculture et du sort du plus grand nombre, d'augmenter la consommation intérieure, qui est loin d'être arrivée à son apogée.

(Extinction du paupérisme.)

— Une nation est coupable de remettre à la merci

des autres son approvisionnement des denrées de première nécessité.

(Analyse de la question des sucres.)

— Pouvoir d'un jour à l'autre être privé de pain, de sucre, de fer, c'est livrer sa destinée à un décret étranger, c'est une sorte de suicide anticipé qu'on a voulu prévenir en accordant une protection spéciale aux grains et aux fers français.

(Ibid.)

— Il est impossible de restreindre la consommation d'une denrée devenue indispensable.

(Ibid.)

— Les intérêts de l'agriculture et de l'industrie ne doivent pas être lésés au profit du commerce extérieur, et encore moins au profit du fisc.

(Ibid.)

— Ordinairement les revenus du sol sont partagés en trois parties, sans compter celle du fisc. La première fait vivre les ouvriers qui travaillent la terre, la deuxième est l'apanage du fermier, la troisième enrichit le propriétaire.

(Extinction du paupérisme.)

—Le principal progrès de l'agriculture réside dans la suppression des jachères.

(Analyse sur la question des sucres.)

—L'agriculture, en France, est loin d'avoir atteint tous les perfectionnemens désirables. Sur 24,118,944 hectares de terres labourables, il y a annuellement 6,763,281 hectares livrés aux jachères, c'est-à-dire qui restent incultes ou qui sont abandonnés à des cultures très-secondaires, car ils ne produisent, d'après la statistique agricole de la France, que 92,285,902 fr. (moyenne du produit par hectare, 13 fr. 25 c.) Si ce nombre d'hectares était cultivé, ils rapporteraient 1,075,361,679 fr., en comptant 159 fr. par hectare la valeur moyenne du produit des terres ensemencées. L'augmentation annuelle des revenus agricoles serait de 983,000,000 fr.

(Ibid.)

Aisance.

Le travail qui crée l'aisance, et l'aisance qui consomme, voilà les véritables bases de la prospérite d'un pays.

(Extinction du paupérisme.)

— Pour que l'aisance se répande dans toutes les classes, il faut non-seulement que les impôts soient diminués, mais encore que le gouvernement ait un aspect de stabilité qui tranquillise les citoyens et permette de compter sur l'avenir.

(Des idées napoléoniennes.)

Aiguillon.

Souvent les peuples donnent un aiguillon pour les conduire, jamais pour les frapper.

(Fragments historiques.)

Alliance.

Il n'y a de pacte que d'égal à égal.

(Analyse des questions des sucres.)

— Une alliance doit être le résultat de longs rapports bienveillants entre les nations et non le fruit d'un entraînement soudain.

(*Opinion de l'Empereur sur les rapports de la France avec les puissances étrangères.*)

(*Progrès du Pas-de-Calais, du 22 mars 1843.*)

— La polémique s'est appliquée à faire valoir tour à tour les avantages de l'alliance anglaise ou de l'alliance russe, comme s'il fallait absolument que la France se liât intimement avec l'une de ces deux grandes puissances. A entendre ces deux uniques thèses retentir dans le monde politique, il semblerait que la France ait besoin d'une autre force que la sienne propre pour se faire respecter, d'une autre voix que la sienne pour être écoutée dans le congrès des rois.

(*Ibid.*)

Alliance anglaise.

Nous désirons qu'une bonne intelligence règne entre les deux peuples les plus civilisés du globe, mais à condition que les droits et la dignité de chacun auront été pesés avec les mêmes poids dans la même balance, et que les hommes chargés de la haute mission d'accorder deux peuples rivaux n'auront d'autre but que le bonheur de la France et le développement de ses richesses agricoles, industrielles et commerciales ; développement qui n'a lieu que lorsque l'on suit une politique franche, énergique, nationale.

(Opinion de l'Empereur sur les rapports de la France avec les puissances étrangères.)

Anarchie.

Empêcher l'anarchie est plus facile que de la réprimer.

(Lettre à M. Viellard, du 30 avril 1837.)

Anarchiste.

Donnez au prolétaire le plus anarchique des droits, une place légale dans la société, vous en faites à l'instant un homme d'ordre, dévoué à la chose publique, car vous lui donnez des intérêts à défendre.

(Des gouvernements et de leurs soutiens.)

Armée.

L'armée est une épée qui a la gloire pour poignée.

(Fragments historiques.)

— La composition des armées représente toujours fidèlement l'état politique d'une société.

(Études sur le passé et l'avenir de l'artillerie.)

— La loi qui organise la défense d'un pays est une loi plus politique que militaire.

(Projet de loi sur le recrutement de l'armée).
Progrès du Pas-de-Calais, 3 *mai* 1843.

— L'armée est simplement une organisation.

(Extinction du paupérisme.)

— Si l'organisation militaire d'un peuple ne devait pas toujours se plier à sa nature, à sa position politique, à son état social, il ne faudrait pas beaucoup de temps pour trouver le meilleur moyen d'avoir une bonne armée, car la question se bornerait à tâcher d'avoir le plus possible de soldats et à les garder le plus longtemps possible sous les drapeaux.

(Projet de loi sur le recrutement de l'armée.)
Progrès du Pas-de-Calais, 20 avril 1845.

— L'armée est une organisation qui, devant exécuter aveuglément et avec promptitude l'ordre du chef doit avoir pour base une hiérarchie qui parte d'en haut.

(Extinction du paupérisme.)

— Il ne s'agit pas de savoir si les soldats qui ont passé trois ans sous les drapeaux sont aussi rompus au métier des armes que ceux qui y sont demeurés huit ans, mais de trouver une organisation qui, au jour du danger, donne des milliers d'hommes exercés, et qui, pendant la paix, ne soit pas une forte charge pour le budget, et enlève peu de jeunes gens à l'agriculture.

(Projet de loi sur le recrutement de l'armée.)

— L'organisation militaire est la seule qui soit

basée à la fois sur le bien-être de tous ses membres et sur la plus stricte économie.

(Extinction du paupérisme.)

— Comme aucun État du monde ne peut, sans épuiser, maintenir constamment en activité des centaines de mille hommes, il y a urgence à avoir recours à un système qui offre les plus grands avantages possibles en temps de guerre sans occasionner de trop lourdes charges en temps de paix.

(Projet de loi sur le recrutement de l'armée.)

— Pour résister à une coalition, il faut à la France une armée immense, composée d'hommes exercés; de plus, il faut que cette armée puisse encore se reformer avec des hommes exercés, dans le cas d'un premier revers.

(Ibid.)

— Il nous faut près d'un an pour passer du pied de paix au pied de guerre.

(Ibid.)

— Tous les exemples des batailles prouvent bien que le succès ne depend pas du nombre de troupes présentes, mais seulement de celles qu'on peut faire agir.

(Considérations politiques et militaires sur la Suisse.)

— Le service militaire peut, à la rigueur, être évalué à un impôt annuel de 160 milliers de francs, car, d'après la loi de la population, il y a tous les ans, sur 33 millions d'âmes, 286,000 hommes qui atteignent l'âge de vingt à vingt-un ans, et qui sont aptes à la conscription ; retranchant de ce nombre 86,000 individus qui peuvent avoir des causes légales d'exemption, il reste au moins 200,000 hommes qui peuvent être appelés à tirer au sort, et qui, pour se prémunir contre les chances défavorables, auraient chacun 800 fr. à payer aux sociétés d'assurance ; c'est donc 200,000 fois 800 fr. qu'il faut compter comme valeur de l'impôt de la conscription, si l'on veut réduire en chiffre le devoir sacré de servir son pays.

(Analyse de la question des sucres.)

— Il n'y a de bonne discipline que là où les troupes sont réunies en assez grand nombre, et où il y a des rapports journaliers entre les généraux et leurs subordonnés.

(Projet de loi sur le recrutement de l'armée.)

— L'organisation des armées n'a jamais été le résultat d'une théorie préconçue d'une manière plus ou moins scientifique, mais la conséquence forcée des nécessités qui, dans le moment, se faisaient le plus impérieusement sentir.

(Études sur le passé et l'avenir de l'artillerie.)

— Notre rôle politique, notre isolement, notre position comme peuple, nous font un devoir d'organiser nos forces, non pour aller de nouveau conquérir le monde, mais pour nous mettre à jamais à l'abri de toute invasion.

(Projet de loi sur le recrutement de l'armée.)

Arme à feu.

Il y a des auteurs qui attribuent aux armes à feu, dès leur première apparition, une influence qu'elles n'eurent jamais et qu'elles ne pouvaient pas avoir. Ils en font, à l'instant même, l'arme principale de la royauté, et se plaisent à insister sur la répugnance de la chevalerie pour ce nouvel instrument destructeur.

(Études sur le passé et l'avenir de l'artillerie.)

— Les armes à feu ont contribué à faire renaître la tactique et la stratégie, à relever l'autorité royale, à réduire les grands vassaux et à créer la grande unité française.

(Ibid.)

Artillerie.

Au XIVe siècle, tout cède devant l'homme à cheval, tout change pour lui résister. Au XVe siècle tout se transforme pour résister à l'archer; au XVIe tout se modifie pour résister aux gros bataillons de piquiers; puis enfin vient le règne du canon, qui domine tous les ordres de bataille et force infanterie et cavalerie à obéir à ses lois.

(Études sur le passé et l'avenir de l'artillerie.)

— Les progrès de l'artillerie furent très-rapides dans la guerre de siége et son influence souveraine, tandis qu'au contraire, sur les champs de bataille, une foule d'éléments divers agirent avec elle sur l'armement, sur l'ordonnance et sur les mouvements des troupes.

(*Ibid.*)

— Pour donner à l'artillerie une construction conforme aux lois de la mécanique, de la physique, de la chimie, de la métallurgie, de la balistique, il fallait avoir découvert les principes de ces sciences. Pour arriver à introduire dans ce grand attirail de machines, l'uniformité, la simplicité, la régularité, l'ensemble nécessaire, il fallait que les gouvernements eux-mêmes eussent conquis et fondé l'unité, cette cause principale et féconde du progrès.

(*Ibid.*)

— Le canon a battu en brèche l'ordre profond et forcé les troupes à manœuvrer.

(*Ibid.*)

— Nous verrons toujours les généraux médiocres ne pas savoir se servir de leur artillerie, et semblables en cela aux peuples peu avancés, regarder comme un embarras ce que des esprits supérieurs considèrent comme un puissant auxiliaire. Au XVIe siècle l'Europe tremblait devant les Turcs; l'artillerie vint arrêter les progrès de ces redoutables ennemis; c'est assurément une des plus grandes gloires du judicieux emploi de la poudre à canon que d'avoir rendu à jamais impossible une nouvelle irruption de barbares dans le monde civilisé.

(Ibid.)

Assistance publique.

Les secours publics sont une dette sacrée. La société doit la subsistance aux citoyens malheureux, soit en leur procurant du travail, soit en assurant les moyens d'exister à ceux qui sont hors d'état de travailler.

(Rêveries politiques.)

— Actuellement on compte en France plus de 1,300 établissements publics pour les malades, les vieillards, les enfants, etc., dont les revenus annuels dépassent la somme de 53,000,000 de francs.

Il faut y ajouter près de 8,000 bureaux de bienfaisance pour la distribution de secours à domicile, qui possèdent environ 13,500,000 francs de revenus ordinaires.

Enfin d'autres services charitables, relatifs aux mont-de-piété, aux enfants trouvés, aux aliénés indigents, aux sourds-muets et aux aveugles, emploient au soulagement des infortunes des sommes qui s'élèvent à près de 50,000,000 de francs. C'est donc environ 116 millions par an qui sont consacrés à l'assistance publique, sans compter les charités privées, dont il est impossible de calculer l'importance, même approximativement.

(Message à l'Assemblée législative.)

Association.

Le droit d'association est la base fondamentale d'un gouvernement représentatif.

(Améliorations à introduire dans nos mœurs et dans nos habitudes parlementaires.)

Progrès du Pas-de-Calais, 18 *septembre* 1843.

Autorité.

— Tous ceux qui ont fondé leur autorité sur l'égoïsme et les mauvaises passions ont bâti sur le sable.

(Les conservateurs et Espartero.)
Progrès du Pas-de-Calais, 6 *juillet* 1843.

Lorsque les changements successifs de constitution ont ébranlé le respect dû à la loi, il faut recréer l'influence légale, avant que la liberté soit possible.

(Des idées napoléoniennes.)

Avancement.

L'avancement s'obtient par le mérite, le courage et l'ancienneté ; il suppose toujours une instruction préalable acquise dans des écoles, ou en particulier.

(Considérations politiques et militaires sur la Suisse.)

Avenir.

Sans sécurité pour l'avenir, point de prospérité.

(Analyse de la question des sucres.)

— L'incertitude de l'avenir, est le pire de tous les maux.

(Ibid.)

— Le défaut de sécurité dans le présent, de foi dans l'avenir, détruit le crédit, arrête le travail, diminue les revenus publics et privés, rend les emprunts impossibles, et tarit les ressources de la richesse.

(Message à l'Assemblée législative.)

Avenir napoléonien.

Si les partis, habitués qu'ils sont à mépriser l'autorité, sapaient toutes les bases de l'édifice social, alors le nom de Napoléon serait une ancre de salut pour tout ce qu'il y a de généreux et de vraiment patriote en France.

(Lettre à M. A. Laity, du 2 juillet 1838.)

B

Besoin. — Bonheur. — But de la société.

Besoin.

Tant qu'un besoin impérieux se fait sentir pour une société, elle trouve toujours moyen d'y satisfaire.

(Traite des nègres, philantropes, droit de visite.)

Bonheur.

Heureux ceux dont la vie s'écoule au milieu de

leurs concitoyens, et qui, après avoir servi leur patrie avec gloire, meurent à côté du berceau qui les a vus naître.

(L'idée napoléonienne.)

But de la société.

Le but de la société est le bonheur commun.

(Rêverics politiques.)

C

Calcul. — Capacité. — Centralisation. — Citoyen. — Colonie. — Complication. — Confiance. — Conscience. — Conscription. — Consommation. — Constitution. — Conviction. — Cromwel.

Calcul.

Le banquier qui cherche le produit d'un intérêt simple ou composé ne fait qu'un calcul d'écolier ; mais celui qui fait entrer dans ses combinaisons, comme les inconnues d'une équation, toutes les causes physiques et morales qui font vivre, marcher et vaincre une armée ; celui qui calcule combien un grand mot qui va à l'âme de ses soldats peut multiplier leur force, et qui fixe leur nombre, suivant les sympathies ou les répulsions que le drapeau de la démocratie française doit rencontrer chez les peuples étrangers ; ah certes, celui-là fait plus que de l'arithmétique, il résout les plus grands problèmes de mathématiques transcendantes, car au bout de ses calculs se trouvent comme résultat : gloire, nationalité, civilisation.

(Lettre de M. Thayer.)

Capacité.

Plus il y a dans un pays d'intelligences qui se montrent, plus il y a d'hommes capables de commander aux autres, plus les institutions doivent être républicaines ; aussi marchons-nous à grand pas vers le règne des capacités.

(Rêveries politiques.)

Centralisation.

L'excès de centralisation, sous l'empire, ne doit

pas être considéré comme un système définitif et arrêté, mais plutôt comme un moyen.

(Des idées napoléoniennes.)

Citoyen.

Je suis citoyen avant d'être Bonaparte.

(Analyse de la question des sucres.)

Colonie.

Les colonies ont été établies dans l'intérêt des métropoles, et non les métropoles dans l'intérêt des colonies.

(Analyse de la question des sucres.)

— Deux seuls motifs ont toujours présidé à l'établissement des colonies : l'intérêt commercial ou l'intérêt guerrier.

Nos colonies dans l'Océan pacifique.)

Progrès du Pas-de-Calais. 14 juin 1841.

— L'Algérie et la Guyanne sont les seules et uniques possessions d'outre-mer qui puissent réellement devenir d'un grand profit pour la France.

(Ibid.)

— Si nous avions une guerre, il faudrait pour défendre nos possessions d'outre-mer environ les forces suivantes : pour l'Algérie, 60,000 hommes ; pour la Guadeloupe et la Martinique, 10,000 hommes ; pour la Guyanne, 5,000 hommes ; pour Bourbon, 3,000 hommes ; pour les comptoirs d'Afrique, 2,000 hommes ; pour les îles Marquises et de la Société, 10,000 hommes ; quant à Pondichéry et Chandernagor, on conçoit qu'il serait difficile d'évaluer ce qu'il faudrait pour résister aux forces imposantes des Anglais dans l'Inde ; cela ferait un total d'environ 100,000 hommes, sans compter les vaisseaux, le matériel, et par conséquent l'argent que couteraient ces divers armements.

(Ibid.)

Complication.

Tout ce qui est compliqué, n'a jamais produit de bons résultats.

(Études sur le passé et l'avenir de l'artillerie).

Confiance.

Avant d'avoir ramené la confiance, on aurait beau recourir à tous les systèmes de crédit comme aux expédients les plus révolutionnaires, on ne ferait pas renaître l'abondance là où la crainte et la défiance du lendemain ont produit la stérilité.

(Message à l'Assemblée législative.)

Conscience.

Pour un peuple l'honneur, pour un individu la morale évangélique, sont toujours les meilleurs guides et les meilleurs conseillers au milieu des embarras et des périls de la vie.

(Analyse de la question des sucres.)

Conscription.

La conscription, qui malheureusement pesa tant

sur la France, fut une des plus grandes institutions du siècle. Non seulement elle consacrait le principe d'égalité, mais comme l'a dit le général Foy « elle devait être le palladium de notre indépendance, parce que, mettant la nation dans l'armée et l'armée dans la nation, elle fournit à la défense des ressources inépuisables. »

(Des idées napoléoniennes.)

— Le recrutement par arrondissement aurait cet immense avantage de diminuer la mortalité effrayante qui sévit parmi les jeunes conscrits, et qui a pour cause les longs trajets qu'ils sont obligés de faire pour rejoindre leurs corps, et le mal du pays qui s'empare d'eux lorsqu'on les envoie quelque fois dès les premiers mois à 300 lieues de leur lieu natal.

(Projet de loi sur le recrutement de l'armée.)

Progrès du Pas-de-Calais, 7 mai 1843.

Consommation.

Nous ne produisons pas trop, mais nous ne consommons pas assez.

(Extinction du paupérisme.)

Constitution.

Après une lutte, une constitution peut-elle se garantir des passions réactionnaires? et quel danger n'y a-t-il pas à traduire en principes généraux des exigences transitoires.

(Des idées napoléoniennes.)

— Il faut que le pacte qui lie les divers membres d'une société puise sa forme dans l'expérience de temps passés, les choses dans l'état présent de cette société, son esprit dans l'avenir. Une constitution doit être faite uniquement pour la nation à laquelle on veut l'adapter. Elle doit être comme un vêtement, qui, pour être bien fait, ne doit aller qu'à un seul homme.

(Ibid.)

— Une loi ou une charte, privée de l'appui général de l'opinion, n'est qu'un chiffon de papier. Mais elle devient une arche sainte lorsque l'intérêt public en garantit tout les mots, et qu'en effacer un, ou ne pas les exécuter tous, est pour le pouvoir un arrêt de mort.

(Ibid.)

Conviction.

C'est l'énergie, c'est la profonde conviction, qui seules triomphent.

(Considérations politiques sur la Suisse.)

Cromwel.

Cromwel, qui pendant cinq ans occupa la première place, parce que le fanatisme politique et religieux demandait un chef, ne put rien fonder. Il ne fut qu'un habile timonier pendant la tempête. Amené au pouvoir par les orages, le calme l'eut renversé. Au lieu de créer de nouveaux intérêts, il eut toujours à lutter contre ces vieilles coutumes de liberté qui étaient enracinées dans la nation.

(Fragments historiques.)

D

Décadence.

Rien ne signale mieux l'état de malaise d'une société que lorsqu'un incident imprévu et léger en lui-même vient tout à coup éveiller tous les esprits, exalter toutes les passions et amener des résultats que, dans des temps ordinaires, les plus grands événemens seuls seraient capables de produire.

(*Fragments historiques.*)

Décision.

Toute question doit être envisagée sous le triple rapport des intérêts, du droit et de la justice.

(*Analyse de la question des sucres.*)

Démembrement.

Divisez un grand Etat, et chaque portion voudra s'élever au détriment des autres; chaque province sera le foyer de nouveaux intérêts, de nouvelles prétentions; elle tendrait toujours à se séparer du centre.

(*Considérations politiques et militaires sur la Suisse.*)

Déplacement.

L'industrie appelle tous les jours les hommes

dans les villes et les énerve. Il faut rappeler dans les campagnes ceux qui sont de trop dans les villes et retremper en plein air leur esprit et leur corps.

(*Extinction du paupérisme.*)

Doctrinaires.

Ce qui distingue cette secte, c'est que, dans tous les pays, elle met toujours ses théories et ces désirs à la place de la réalité.

(*Considérations politiques et militaires sur la Suisse.*)

Droit.

On ne peut remplacer un droit acquis et reconnu qu'en lui opposant un autre droit légalement acquis et légalement reconnu.

(*Fragments historiques.*)

— Si je rappelle des droits déposés par la nation dans les mains de ma famille, c'est uniquement pour expliquer les devoirs que ces droits nous imposent.

(*Discours à la cour des pairs.*)

Dynastie.

L'identité des intérêts entre le souverain et le peuple, voilà la base essentielle d'une dynastie.

(*Des idées napoléoniennes.*)

E

Égalité. — Égoïsme. — Élection. — Éloquence. — Emplois publics. — Empire. — Emprunts. — Ennemi. Ensemble. — Enthousiasme. — Épée. — Esprit des lois. — États-Unis. — Expérience. — Évènement.

Égalité.

Tous les hommes sont égaux par la nature et devant la loi.

(*Rêveries politiques.*)

Pour les peuples comme pour les individus, l'égalité seule est la source de toute justice.

(*La paix.*)

Progrès du Pas-de-Calais, 5 *novembre* 1844.

— Le début de l'homme d'Etat doit être de détruire autant que faire se peut l'esprit de caste, et d'unir tous les citoyens dans une même pensée, comme dans un même intérêt.

(*Le clergé et l'État.*)

Égoïsme.

L'égoïsme ne profite ni aux individus ni aux peuples, et c'est une mauvaise politique que celle qui fait abandonner ses amis de peur de déplaire à ses ennemis.

(*Considérations politiques et militaires sur la Suisse.*)

Élection.

Les peuples libres ne connaissent d'autres motifs de préférence dans leurs élections que les vertus et les talents.

(*Rêveries politiques.*)

Éloquence.

Avec une tribune, une chambre ressemble trop à un théâtre où les grands acteurs seuls peuvent réussir. Sans tribune, au contraire, les chambres prennent le caractère d'hommes graves, qui discutent leurs intérêts sans emphase et sans apparat. Avec une tribune, les avocats seuls remportent, en général, tous les triomphes. Sans tribune, tout homme de bon sens peut exercer l'influence que donne sur ses sembles l'expression d'un sentiment vrai, d'une idée juste, dépouillée de toute ostentation et de tout luxe de paroles.

(*Améliorations à introduire dans nos mœurs et nos habitudes parlementaires.*)

Progrès du Pas-de-Calais, du 18 *septembre* 1843.

— Le grand désavantage de la tribune, c'est de ne permettre qu'aux orateurs consommés de parler, et souvent les grands orateurs ne sont pas les hommes les plus logiques, ni ceux qui approfondissent les questions.

(*Ibid.*)

— Il n'est donné qu'à peu de personnes d'apporter une parole éloquente au service d'idées justes et saines ; n'y a-t-il donc qu'une seule manière de servir son pays? Ce qu'il lui faut surtout ce sont des actes; ce qu'il lui faut, c'est un gouvernement ferme, intelligent et sage qui pense plus à guérir les maux qu'à les venger, un gouvernement qui se mette franchement à la tête des idées vraies, pour repousser ainsi mille fois mieux que par les baïonnettes, les théories qui ne sont pas fondées sur l'expérience et la raison.

(*Discours à l'Assemblée constituante.*)

Emplois publics.

Tous les citoyens sont également admissibles aux emplois publics.

(*Rêveries politiques.*)

— Restreindre dans de justes limites le nombre des emplois qui dépendent du pouvoir et qui souvent font d'un peuple libre un peuple de solliciteurs.

(*Manifeste.*)

Empire.

Quelque gloire que je mette à défendre les fondations de l'empereur, ma vénération pour le chef de ma famille n'irait jamais jusqu'à me faire préconiser ce que ma raison repousserait comme nuisible à l'intérêt général de ma patrie.

(*Analyse de la question des sucres.*)

— La nature de l'empire fut de consolider un trône sur les principes de la révolution, de cicatriser toutes les plaies de la France, de régénérer les peuples ; ses passions, l'amour de la patrie, de la gloire, de l'honneur.

(*Rêveries politiques.*)

— Consul ou empereur, la mission de Napoléon fut toujours la même. Consul, il établit en France les principaux bienfaits de la révolution ; empereur, il répandit dans toute l'Europe ces mêmes bienfaits.

Sa mission, d'abord purement française, fut ensuite humanitaire.

(*Réponse à M. de Lamartine.*)

— Pour résumer le système impérial, on peut dire que la base en est démocratique, puisque tous les pouvoirs viennent du peuple ; tandis que l'organisation est hiérarchique, puisqu'il y a dans la société des degrés différens pour stimuler toutes les capacités.

(*Des idées napoléoniennes.*)

— De tous les gouvernements qui précédèrent ou qui suivirent le consulat et l'empire, aucun ne fit, même pendant la paix, pour la prospérité de la France, la millième partie de ce que créa l'empereur pendant la guerre.

(*Réponse à M. de Lamartine.*)

— Le malheur du règne de Napoléon, c'est de n'avoir pu recueillir tout ce qu'il avait semé, c'est d'avoir délivré la France sans avoir pu la rendre libre.

(*Rêveries politiques.*)

— On doit à deux causes tous les prodiges qu'on vit éclore sous l'empire, malgré les guerres : l'une tient au génie de l'homme, l'autre au système qu'il avait établi.

(*Des idées napoléoniennes.*)

— L'empire tomba pour avoir étendu trop loin son action civilisatrice. Il n'était donné, ni à la plus grande nation, ni au plus grand génie, de combattre à la fois l'ancien régime sur les bords du Tage et sur ceux de la Moscowa, et de régénérer l'Europe en dix ans !

(*Quelques mots sur Joseph Napoléon.*)

— L'empire a froissé quelques-unes des vérités nouvelles, méconnu quelques vérités ; mais le consulat est resté, pour tous les vrais patriotes, l'emblème le plus pur de la révolution, une des plus belles pages de notre histoire.

(*Réponse à M. de Lamartine.*)

— La gloire de l'empire a été si grande qu'elle a éclipsé toutes les individualités des acteurs secondaires, et il n'est resté de ce drame, dans l'esprit des masses, que deux immenses figures : le grand homme et le grand peuple.

(*Quelques mots sur Joseph-Napoléon.*)

— En 1815, l'édifice napoléonien semblait devoir

tout entier tomber avec l'empereur; mais la base descendait trop avant dans les porfondeurs du sol français.

(*Analyse de la question des sucres.*)

Emprunts.

La France doit se féliciter de ce que le système d'emprunt, qui écrase aujourd'hui l'Angleterre, n'ait pas été mis en vigueur sous l'empire.

(*Des idées napoléoniennes.*)

Ennemi.

Le plus grand ennemi d'une religion est celui qui veut l'imposer; le plus grand ennemi de la royauté, celui qui la dégrade; le plus grand ennemi du repos de son pays, celui qui rend une révolution nécessaire.

(*Fragments historiques.*)

Ensemble.

Jamais il n'y a eu, en France, autant de savoir et d'intelligence mis en mouvement et aptes à concourir au bien-être général; jamais pourtant on n'a si peu produit; c'est qu'il n'y a aucun ensemble, aucune direction, aucun système, et la société, remplie d'idées sans faits et de faits sans pensées, se lasse de théories sans application, comme d'application sans suite et sans portée.

(*Analyse de la question des sucres.*)

Enthousiasme.

Pour être digne de créer l'enthousiasme, il faut avoir des principes arrêtés, choisir une bannière et vaincre ou mourir avec elle.

(*Considérations politiques et militaires sur la Suisse.*)

Épée.

L'épée d'Austerlitz ne doit pas être dans des mains ennemies ; il faut qu'elle puisse être encore brandie au jour du danger pour la gloire de la France.

(*Protestation au sujet de l'épée de l'Empereur.*)

Esprit des lois.

Les institutions doivent favoriser tout le monde ; mais l'esprit qui les dicte ne doit être assis que sur un seul principe.

(*Considérations politiques et militaires sur la Suisse.*)

États-Unis.

Aux Etats-Unis d'Amérique, nous voyons de

grandes choses ; mais où trouver un seul rapport entre ce pays et la France ? Les Etats-Unis ne sont pas encore devenus un monde social ; car l'organisation d'un tel monde suppose la fixité et l'ordre ; la fixité, l'attachement au sol, à la propriété, conditions impossibles à remplir, tant que l'esprit commerçant et la dispreportion entre le nombre d'habitans et la grandeur du territoire ne feront regarder la terre que comme une marchandise. L'homme n'a pas encore pris racine en Amérique, il ne s'est pas incorporé à la terre ; les intérêts sont personnels et non territoriaux. En Amérique, le commerce est en première ligne ; ensuite vient l'industrie, et en dernier lieu l'agriculture ; c'est donc l'Europe renversée.

(Des idées napoléoniennes.)

Expérience.

Profitons de nos propres malheurs et des exemples des peuples étrangers.

(Projet de loi sur le recrutement de l'armée.)

Progrès du Pas-de-Calais, 20 *avril* 1843.

Événement.

Ce n'est pas le hasard qui règle les destinées des nations, ce n'est pas un accident imprévu qui renverse ou qui maintient les trônes ; il y a une cause générale qui règle les événements et les fait dépendre logiquement les uns des autres.

(*Fragments historiques.*)

F

Faiblesse.

Un grand homme n'a pas les vues étroites, et les faiblesses que lui prête le vulgaire. Si cela était, il cesserait d'être un grand homme.

(Considérations politiques et militaires sur la Suisse.)

— Si, au lieu de conduire un gouvernement se laisse entraîner, il court à sa perte, et il compromet la société au lieu de la protéger.

(Des idées napoléoniennes.)

— Rien ne contribue d'avantage à envenimer les questions, à aggraver les situations, à fausser les esprits, qu'une politique bâtarde, sans dignité et sans suite, qui ne sait pas ce qu'elle veut, parce qu'elle n'ose jamais vouloir.

(*La paix.*)

Progrès du Pas-de-Calais, 5 *novembre* 1844.

— Les pouvoirs faibles et imprévoyants croient qu'ils ont tout fait quand, après avoir lutté longtemps contre l'opinion publique, ils sont obligés de céder.

Ils n'ont montré cependant que leur mauvais vouloir et leur faiblesse.

(*Fragments historiques.*)

— L'instabilité des esprits est commune à toutes les époques de transition, lorsque ceux qui gouvernent abandonnent au hasard des évènements le passage d'un ancien système à un nouveau, au lieu de lui imprimer une direction ferme et régulière.

(*L'idée napoléonienne.*)

Les craintes de nos ennemis nous montrent quelquefois mieux que nos propres sentiments, nos véritables intérêts.

(*Fragments historiques.*)

Fausseté.

L'habileté pour certaines gens, consiste à présenter comme légitimes des actions coupables

(*Vieille histoire toujours nouvelle.*)

Progrès du Pas-de-Calais, 3 *août* 1844.

— Le caractère particulier des esprits incomplets consiste à se passionner pour les peines qui leur sont les plus étrangères et qu'ils connaissent le moins.

(*Nègres, les philantropes et le droit de visite.*)

— Nous ne bercerons pas le peuple d'illusions et d'utopies, qui n'exaltent les imaginations que pour aboutir à la déception et à la misère.

(*Message à l'Assemblée législative.*)

Fermeté.

On s'allie toujours à une cause noblement et franchement défendue ; tandis qu'on déserte même une cause amie, lorsqu'elle est conduite par la sottise et la lâchete.

(*Fragments historiques.*)

Finances.

Les finances fondées sur une bonne agriculture, ne se détruisent jamais.

(*Des idées napoléoniennes.*)

— Un bon système de comptabilité, est le complément indispensable d'un bon système de finances.

(*Ibid.*)

Les finances d'un grand Etat doivent offrir les moyens de faire face aux circonstances extraordinaires, et même aux vicissitudes des guerres les plus acharnées, sans qu'on soit obligé d'avoir recours à de nouveaux impôts dont l'établissement est toujours difficile.

(*Ibid.*)

— Tout système financier doit se réduire désormais à ce problème : soulager les classes pauvres.

(*Considérations politiques et militaires sur la Suisse.*)

— Il est devenu indispensable maintenant de rétablir l'équilibre entre les dépenses et les recettes ; on n'y peut parvenir qu'en réduisant les dépenses et en ouvrant de nouvelles sources de revenu.

(*Message à l'Assemblée législative.*)

Fonctionnaire.

On peut dire, en général, que l'homme est ce que la fonction qu'il remplit l'oblige d'être.

(*Extinction du paupérisme.*)

Force.

Plus une autorité a de force morale, moins l'emploi de la force matérielle lui est nécessaire ; plus l'opinion lui confère de pouvoir, plus elle peut se dispenser d'en faire usage.

(*Des idées napoléoniennes.*)

Français.

Quand on a l'honneur d'être à la tête du peuple français, il y a un moyen infaillible de faire le bien, c'est de le vouloir.

(*Manifeste.*)

France.

Jamais je n'ai cru et jamais je ne croirai que la France soit l'apanage d'un homme ou d'une famille.

(*Lettre du* **21** *octobre* **1843.**)

Un pays comme la France, qui a été si richement

doté du ciel, renferme en lui-même tous les éléments de sa prospérité.

(*Extinction du paupérisme.*)

— Il est dans la destinée de la France d'ébranler le monde lorsqu'elle se remue, de le calmer lorsqu'elle se modère. Aussi l'Europe nous rend-elle responsable de son repos ou de son agitation. Cette responsabilité nous impose de grands devoirs ; elle domine notre situation.

(*Message à l'Assemblée législative.*)

Franchise.

L'homme de cœur doit éviter tout subterfuge, toute équivoque, et mettre la plus grande netteté dans ses démarches.

(*Lettre à M. Odillon-Barrot, du 2 février* 1846.)

— En fait de politique, nous ne comprenons que les systèmes clairs et nets.

(*Les nobles.*)

Progrès du Pas-de-Calais, du 23 *Décembre* 1844.)

— La politique d'un grand peuple doit être nette et tranchée, et le parti qui ne sait triompher que par des équivoques, est bien impuissant !

(*Améliorations à introduire dans nos mœurs et nos habitudes parlementaires.*)

Progrès du Pas-de-Calais, 18 *septembre* 1843.

G

Génie. — Gouvernement. — Guerre.

Génie.

La science analyse et coordonne les faits passés pour en déduire des principes généraux, le génie seul sait tirer d'immenses résultats de leur juste application.

(*Études sur le passé et l'avenir de l'artillerie.*)

Gouvernement.

Gouverner, ce n'est plus dominer les peuples par

la force et la violence ; c'est les conduire vers un meilleur avenir, en faisant appel à leur raison et à leur cœur.

(*Extinction du paupérisme.*)

— L'ancien régime fut inébranlable tant que ses deux soutiens, le clergé et la noblesse, résumèrent en eux tous les éléments vitaux de la nation. Le clergé donnait au pouvoir toutes les consciences ; car alors conscience était synonyme d'opinion ; et la noblesse, ordre civil et militaire, lui donnait tous les bras. Mais, aujourd'hui, que la noblesse n'existe plus, et que la foi politique est complètement indépendante de la foi religieuse, s'appuyer sur ces deux ordres serait bâtir sur le sable.

(*Des gouvernements et de leurs soutiens.*)

— Gouverner c'est conduire, et si dans un pays libre un gouvernement ne peut pas trancher à lui seul toutes les questions, son devoir consiste du moins à les bien poser. De l'énoncé d'un problème dépend souvent sa bonne ou mauvaise solution.

(*Analyse de la question des sucres.*)

— Faire appel aux passions vulgaires de la foule, n'est pas gouverner.

(*Des gouvernements et de leurs soutiens.*)

— Le propre de tout gouvernement est de communiquer à ceux qui le servent son reflet et sa couleur.

(*Fragments historiques.*)

— Les gouvernements ont été établis pour aider la société à vaincre les obstacles qui entravaient sa marche.

(*Des idées napoléoniennes.*)

— Un gouvernement n'est pas comme l'a dit un économiste, *un ulcère nécessaire*, mais c'est plutôt le moteur bienfaisant de tout organisme social.

(*Ibid.*)

— Lorsqu'un gouvernement combat les idées et les vœux d'une nation, il produit toujours des résultats opposés à ses projets.

(*Fragments historiques.*)

— Notre opinion a toujours été que, malgré ses dangers, une politique grande et généreuse, convient seule à notre patrie, car l'honneur est toujours le meilleur guide.

(*La paix ou la guerre.*)

— Les gouvernements qui ne sont ni assez populaires pour gouverner par l'union des citoyens, ni assez forts pour les maintenir tous dans une oppression commune, ne peuvent se soutenir qu'en alimentant la discorde entre les partis.

(*Fragments historiques.*)

— Un gouvernement ne peut être fort que lorsque ses principes sont d'accord avec sa nature.

(*Rêveries politiques.*)

— Le meilleur gouvernement est celui qui remplit bien sa mission, c'est-à-dire celui qui se formule sur le besoin de l'époque, et qui, en se modelant sur l'état présent de la société, emploie les moyens nécessaires pour frayer une route plane et facile à la civilisation qui s'avance.

(*Des idées napoléoniennes.*)

— La société française n'obéit pas à une impulsion, mais elle cherche une trace à suivre; elle ne marche pas, elle erre à l'aventure.

(*Ibid.*)

— La France n'est point organisée selon ses

mœurs, ses intérêts, ses besoins; ni le pouvoir, ni la liberté ne sont solidement constitués........

(*Des gouvernements et de leurs soutiens.*)

— On ne fonde solidement que sur le roc; or bâtir sur le roc aujourd'hui, c'est asseoir le gouvernement sur une organisation démocratique.

(*Ibid.*)

— C'est une grande et sainte mission, bien digne d'exciter l'ambition des hommes, que celle qui consiste à apaiser les haines, à guérir les blessures, à calmer les souffrances de l'humanité en réunissant les citoyens d'un même pays dans un intérêt commun, et en accélérant un avenir que la civilisation doit amener tôt ou tard.

(*Extinction du paupérisme.*)

— Dans un état bien organisé, il faut toujours que deux mouvements contraires se fassent sentir : l'un qui de la base de l'édifice remonte vers le sommet, et l'autre qui du sommet redescende vers la base.

(*L'idée napoléonienne.*)

— Le grand art du gouvernement est de consulter toutes les capacités, en leur marquant le but et la route qu'il faut suivre, car sans cela on a beaucoup de bruit sans effet, beaucoup de travail sans résultat.

(Analyse de la question des sucres.)

— Les gouvernements sont impuissants lorsqu'ils veulent aller contre le sentiment général d'un pays. Ils peuvent bien momentanément réprimer les insurrections, étouffer les plaintes, corrompre des individus; mais ce qu'ils prennent d'un côté, il faut qu'ils le rendent de l'autre; tout ce qu'ils retranchent par la force de la vitalité des faits va germer et se développer dans le domaine des esprits.

(L'union fait la force, Enseignement historique.)

— Ce ne sont pas seulement les lois qui protègent les citoyens, c'est aussi la manière dont elles sont exécutées, c'est la manière dont le gouvernement exerce le pouvoir.

(L'idée napoléonienne.)

— Il est regrettable que les hommes qui ont dans le cœur un grand amour pour la patrie, un grand désir de la voir puissante et respectée, consentent à servir un gouvernement qui les fait les instruments de ses projets honteux.

(*Fragments historiques.*)

— Toute question doit être nettement posée, la solution décisive.

(*Analyse de la question des sucres.*)

— Il ne saurait y avoir de gouvernement assis sur des formes invariables; il n'y a pas plus de formule gouvernementale pour le bonheur des peuples qu'il n'y a de panacée universelle qui guérisse tous les maux.

(*Des idées napoléoniennes.*)

— Le meilleur gouvernement sera celui où tout abus pourra toujours être corrigé, où sans bouleversement social, sans effusion de sang, on pourra changer les lois et le chef de l'État, car une génération ne peut assujétir à ses lois les générations futures.

(*Ibid.*)

— Dans les moments qui suivent de près un bouleversement social, l'essentiel n'est pas de mettre en application des principes dans toute la subtilité de leur théorie, mais de s'emparer du génie régénérateur, de s'identifier avec les sentiments du peuple et de le diriger hardiment vers le but qu'il veut atteindre.

(*Ibid.*)

— Le génie de notre époque n'a besoin que de la simple raison. Il y a trente ans il fallait deviner et préparer ; maintenant il ne s'agit que de voir juste et de recueillir.

(*Ibid.*)

— Je voudrais un gouvernement qui procurât tous les avantages de la république sans entraîner les mêmes inconvénients ; en un mot, un gouvernement qui fut fort sans despotisme, libre sans anarchie, indépendant sans conquête.

(*Rêveries napoléoniennes.*)

Guerre.

Plus l'art de la guerre s'est perfectionné, plus il a été difficile de diriger le mouvement des troupes, de conduire et d'employer ces immenses amas de voitures qui constituent l'artillerie et ses nombreux approvisionnements; mais aussi plus l'homme de génie a trouvé de facilité à exécuter ses plans, ayant toujours sous sa main ces ressources gigantesques au moyen desquelles il se riait des obstacles, et n'était plus arrêté par des carrés de piques, des fossés, des retranchements ou des rivières.

(*Études sur le passé et l'avenir de l'artillerie.*)

— Il ne suffit plus aujourd'hui à une nation d'avoir quelques centaines de chevaliers bardés de fer, ou quelques milliers de condottieri et de mercenaires pour maintenir son rang et son indépendance; il lui faut des millions d'hommes armés; car lorsque la guerre éclate, les peuples s'entrechoquent en masse, et une fois la lutte engagée, c'est le génie du chef et la bravoure des troupes qui décident de la victoire; mais c'est en revanche l'organisation seule qui résiste dans le revers, et sauve la patrie.

(*Projet de loi sur le recrutement de l'armée.*)

Progrès du Pas-de-Calais, 20 *avril* 1843.

— La civilisation en perfectionnant nos armes, a tout à la fois compliqué la guerre et facilité les conceptions du génie; c'est-à-dire que la guerre est devenue plus difficile pour des esprits ordinaires, pour des hommes privés d'instruction et de science, tandis qu'elle est devenue plus facile pour les grands capitaines.

(*Études sur le passé et l'avenir de l'artillerie.*)

— Si l'humanité permet qu'on hasarde la vie de millions d'hommes sur les champs de bataille pour défendre sa nationalité et son indépendance, elle flétrit et condamne ces guerres immorales qui font tuer des hommes dans le seul but d'influencer l'opinion publique, et de soutenir, par quelque expédient, un pouvoir toujours dans l'embarras.

(*La paix.*)

Progrès du Pas-de-Calais, du 5 *novembre* 1844.

— La paix est un bienfait et la guerre un fléau ; personne ne doute de cette vérité. Mais si la guerre est souvent une nécessité lorsqu'on a une grande cause à défendre, c'est au contraire un crime de la faire par caprice, sans avoir un grand résultat pour but, un immense avantage pour raison.

(*Ibid.*)

— L'état de la civilisation en Europe ne permet

de livrer son pays aux hasards d'une collision générale, qu'autant qu'on a pour soi, d'une manière évidente, le droit et la nécessité. Un intérêt secondaire, une raison plus ou moins spécieuse d'influence politique, ne suffisent pas; il faut qu'une nation comme la nôtre, si elle s'engage dans une lutte colossale, puisse justifier, à la face du monde, ou la grandeur de ses succès, ou la grandeur de ses revers.

(Message à l'Assemblée législative.)

H

Habitude. — Histoire. — Honneur.

Habitude.

Les habitudes les plus futiles et les plus inutiles ont d'immenses racines dans le passé ; et quoique de prime-abord il semble qu'il suffise d'un souffle pour les détruire, elles résistent souvent et aux convulsions des sociétés et aux efforts d'un grand homme.

(Lettre de M. Thayer.)

Histoire.

Quand on parle d'une époque obscure du passé, on ne saurait prétendre être cru sur parole, il ne suffit même pas d'indiquer la source où l'on a puisé ses renseignements, il faut, pour les choses importantes, donner le texte même, car souvent le lecteur peut interpréter d'une manière différente le passage sur lequel vous fondez votre raisonnement.

(*Études sur le passé et l'avenir de l'artillerie.*)

—La vie des peuples se compose de drames complets et d'actes isolés. Lorsqu'on embrasse dans leur ensemble les événements du drame, on découvre la raison de tous les faits, le lien de toutes les idées, la cause de tous les changements ; mais si l'on ne considère que les actes partiels, ces grandes convulsions sociales n'apparaissent plus que comme l'effet du hasard et de l'inconséquence humaine.

(*Fragments historiques.*)

Honneur.

Tous les hommes grands et petits placent leur honneur quelque part.

(*Fragments historiques.*)

I

Idée. — Imitation. — Influence. — Injustice. — Indépendance. — Industrie. — Institutions. — Instruction. — Instruction publique. — Intervention. — Invention. — Imitation. — Impossibilité. — Impôt. — Impôt indirect.

Idée.

Marchez à la tête des idées de votre siècle, ces idées vous suivent et vous soutiennent.

Marchez à leur suite, elles vous entraînent. Marchez contre elles, elles vous renversent.

(*Fragments historiques.*)

Partout où j'apercevrai une idée féconde en résultats pratiques, je la ferai étudier, et si elle est applicable, je proposerai de l'appliquer.

(*Message à l'Assemblée législative.*)

Imitation.

On a introduit en France les institutions politiques de la Grande-Bretagne, en laissant de côté tous les usages qui, en Angleterre, perfectionnent et fécondent ces institutions.

(*Améliorations à introduire dans nos mœurs et nos habitudes parlementaires.*)

Progrès du Pas-de-Calais, du 18 *septembre* 1843.

— Si l'imitation amenait toujours la ressemblance, nous conseillerions de poursuivre cette imitation avec persévérance.

(L'idée napoléonienne.)

On ne saurait copier ce qui se fait, parce que les imitations ne produisent pas toujours les ressemblances.

(Des idées napoléoniennes.)

— En lisant l'histoire des peuples comme l'histoire des batailles, il faut en tirer des principes généraux, sans s'astreindre à suivre servilement une trace qui n'est pas empreinte sur le sable, mais sur un terrain plus élevé, les intérêts de l'humanité.

(Ibid.)

— Suivant les besoins du moment, les hommes, se tournent ou vers le passé, ou vers l'exemple d'un peuple étranger, s'ils se bornaient à n'imiter chez leurs voisins que les institutions qui peuvent leur convenir, ils ne suivraient en cela que les lois de la sagesse, mais trop souvent, quand on copie, on adopte jusqu'aux défauts.

(Considérations politiques et militaires sur la Suisse.)

Impossibilité.

L'entreprise peraissait impossible, elle réussit complètement.

(Analyse de la question des sucres.)

Impôt.

Le prélèvement de l'impôt peut se comparer à l'action du soleil qui absorbe les vapeurs de la terre, pour les répartir ensuite à l'état de pluie, sur tous les lieux qui ont besoin d'eau pour être fécondés et pour produire. Lorsque cette restitution s'opère régulièrement, la fertilité s'en suit; mais lorsque le ciel, dans sa colère, déverse partiellement en orages, en trombes et en tempêtes, les vapeurs absorbées, les germes de production sont détruits, et il en résulte la stérilité, car il donne aux uns beaucoup trop, et aux autres pas assez. Cependant, quelle qu'ait été l'action bienfaisante ou malfaisante de l'atmosphère, c'est presque toujours, au bout de l'année, la même quantité d'eau qui a été prise et rendue. La répartition seule fait la différence. Equitable et régulière, elle crée l'abondance ; modique et partiale, elle amène la disette.

(*Extinction du paupérisme.*)

— Si les sommes prélevées chaque année sur la généralité des habitants sont employées à des usages improductifs, comme à créer des places inutiles, à élever des monuments stériles, à entretenir au milieu d'une paix profonde une armée plus dispendieuse que celle qui vainquit à Austerlitz, l'impôt, dans ce cas, devient un fardeau écrasant ; il épuise le pays, il prend sans rendre ; mais si, au contraire, les ressources sont employées à créer de nouveaux éléments de production, à rétablir l'équilibre des richesses, à détruire la misère en activant et en organisant le travail, à guérir enfin les maux que notre civilisation entraîne avec elle, alors certainement l'impôt devient pour les citoyens, comme l'a dit un jour un ministre à la tribune, le meilleur des placements.

(*Ibid.*)

— Pour que l'impôt ne soit pas une charge, il faut que tous aient confiance en la stabilité du gouvernement.

(Considérations politiques et militaires sur la Suisse.)

Impôts indirects.

Pendant la paix, il faut ménager la ressource des impôts indirects, parce que ce sont les seuls qui, pendant la guerre, supportent toutes les charges ; il faut profiter de l'activité que la paix imprime aux consommations pour leur demander ces contributions indirectes qu'elles ne peuvent plus fournir en temps de guerre.

(Des idées napoléoniennes.)

Indépendance.

Pour que l'indépendance soit assurée, il faut que

le gouvernement soit fort, et pour qu'il soit fort, il faut qu'il ait la confiance du peuple, qu'il puisse avoir une armée nombreuse et bien disciplinée, sans qu'on crie à la tyrannie; qu'il puisse armer toute la nation, sans crainte de se voir renversé.

(Rêveries politiques.)

Industrie.

L'industrie est une nouvelle propriété.

(Des idées napoléoniennes.)

— Autrefois il n'y avait, à proprement parler, qu'une seule espèce de propriété, la terre; un petit nombre d'hommes la possédait; les nobles s'en étaient emparés. Mais les progrès de la civilisation ont fait naître une autre espèce de propriété, l'industrie, plus dangereuse que la première, parce qu'elle peut être plus facilement accaparée.

(Analyse de la question des sucres.)

— Pour créer l'industrie, il faut la science qui invente, l'intelligence qui applique, les capitaux qui fondent, les droits de douane qui protègent jusqu'au développement complet.

(Ibid.)

— Tout en reconnaissant l'avantage de certaines libertés pour les objets de nécessité première, il faut convenir que l'intérêt des consommateurs n'est pas toujours l'intérêt général; car, par exemple, il est dans l'intérêt de la société entière de prélever certains impôts, quoique ceux-ci soient un fardeau pour tous.

(Ibid.)

— Le but évident auquel tendent les partisans de la liberté commerciale est de procurer le bien-être de la majorité des consommateurs, en faisant baisser le prix de tous les produits de première nécessité. C'est dans ce but qu'ils ont vanté les machines, dont le résultat immédiat a été la baisse des valeurs des objets fabriqués.

(Ibid.)

— L'industrie repose trop souvent sur des bases éphémères, et quoique, sous certains rapports, elle développe d'avantage les intelligences, elle a l'inconvénient de créer une population malingre qui a tous les défauts physiques provenant d'un travail malsain dans des lieux privés d'air, et les défauts moraux résultant de la misère et de l'agglomération d'hommes sur un petit espace.

(Ibid.)

— L'industrie n'a besoin ni de jour ni d'espace. Dans un carré de quelques centaines de mètres de côté, au-dessus comme au-dessous du sol, le fabricant a tout un peuple de vassaux. Si ses spéculations échouent ou si sa fortune est faite, il renvoie ses ouvriers, et ceux-ci, sans abri, sans pain, sentent tout à coup la terre, cette mère commune, se dérober sous leurs pas.

(Ibid.)

— Comment combattre l'oppression d'une propriété qui n'est ni saisissable, ni divisible ? Dira-t-on au peuple d'attaquer les machines ? Chaque agresseur n'en retirerait que quelques livres de fer, ce serait une improductive et criminelle violence.

Elément indipensable de la richesse des nations, l'industrie doit être étendue dans son action, tout en étant limitée dans ses effets oppressifs. Il faut encourager son essor et protéger en même temps les bras qu'elle emploie. Un gouvernement seul peut résoudre en entier ce problème de l'organisation du travail, car seul il peut s'entourer de toutes les lumières et faire appel à toutes les intelligences.

(Ibid.)

— Le fabricant n'a pas besoin, comme le seigneur féodal, de créneler son château, de parcourir armé de pied en cap ses vastes domaines pour maintenir l'obéissance et châtier ses sujets ; il ferme la porte de ses ateliers, et le sort de plusieurs centaines d'individus est à sa merci.

(Ibid.)

— L'industrie, cette source de richesse, n'a aujourd'hui ni règle, ni organisation, ni but. C'est une machine qui fonctionne sans régulateur ; peu lui importe la force motrice qu'elle emploie. Broyant également dans ses rouages les hommes comme la matière, elle dépeuple les campagnes, agglomère la population dans des espaces sans air, affaiblit l'esprit comme le corps, et jette ensuite sur le pavé, quand elle n'en sait plus que faire, les hommes qui ont sacrifié pour l'enrichir leur force, leur jeunesse, leur existence.

Véritable Saturne du travail, l'industrie dévore ses enfants et ne vit que de leur mort.

(Extinction du paupérisme.)

— Pour dominer la concurrence et livrer ses produits au plus bas prix possible, il faut que le fabricant maintienne des millions d'individus dans la misère ; qu'il réduise journellement les salaires, qu'il emploie de préférence les femmes et les enfants, et laisse sans occupation l'homme valide qui ne sait que faire de sa force et de sa jeunesse.

(Analyse de la question des sucres.)

— Le commerce intérieur souffre, parce que l'industrie, produisant trop en comparaison de la faible rétribution qu'elle donne au travail, et l'agriculture ne produisant pas assez, la nation se trouve composée de producteurs qui ne peuvent pas vendre et de consommateurs affâmés qui ne peuvent pas acheter ; et le manque d'équilibre de la situation contraint le gouvernement, ici comme en Angleterre, d'aller chercher jusqu'en Chine quelques milliers de consommateurs, en présence de millions de Français ou d'Anglais, qui sont dénués de tout, et qui, s'ils pouvaient acheter de quoi se nourrir et se vêtir convenablement, créeraient un mouvement commercial bien plus considérable que les traités les plus avantageux.

(Extinction du paupérisme.)

— Il faut un remède efficace aux maux de l'industrie : le bien général du pays, la voix de l'humanité, l'intérêt même des gouvernements, tout l'exige impérieusement.

(Ibid.)

— Pour rendre la vie à l'industrie indigène et aux colonies, sans nuire aux intérêts des consommateurs, il faut ne se proposer qu'un but, la prospérité générale de la France, et fouler aux pieds ces vues égoïstes et mesquines d'intérêts privés qui nuisent toujours à une nation, et qui déshonorent les représentants d'un grand peuple.

(Analyse de la question des sucres.)

— L'industrie s'est disséminée sur toute la surface du pays, se fixant là où un cours d'eau, une route, un lac, favorisait son établissement. La conséquence de ce système a été d'habituer les classes agricoles à passer alternativement du travail des champs au travail des manufactures.

En Suisse, même dans les villes, ce sont les habitants de la campagne qui viennent le matin dans les ateliers, et qui, le soir, retournent dans leurs villages.

Aussi, lorsqu'une calamité vient affliger l'industrie, ils souffrent sans doute, mais ils retrouvent au moins dans les champs un abri et une occupation.

(Ibid.)

— Les causes qui paralysent nos exportations hors de France touchent de près à la politique. La quantité de marchandises qu'un pays exporte est toujours en raison directe du nombre de boulets qu'il peut envoyer à ses ennemis, quand son honneur et sa dignité le commandent. Les événements qui se sont passés récemment en Chine sont une preuve de cette vérité.

(Extinction du paupérisme.)

Influence.

Les grands hommes ont toujours une grande

influence sur les générations qui les suivent, quoique cette influence soit souvent niée et combattue.

(Lettre à M. Thayer.)

Injustice.

L'injustice n'a jamais raffermi un trône.

(Fragments historiques.)

Institutions.

Dans toutes les institutions, c'est l'idée prédominante et la tendance générale qu'il faut surtout rechercher et approfondir.

(Des idées napoléoniennes.)

— Les hommes sont ce que les institutions les font ; et, d'un autre côté, les institutions doivent être en rapport avec ce que la civilisation exige que les hommes soient.

(*Des gouvernements et de leurs soutiens.*)

Instruction.

Proposer un moyen capable d'initier les masses à tous les bienfaits de la civilisation, c'est tarir les sources de l'ignorance, du vice, de la misère.

(*Extinction du paupérisme.*)

Instruction publique.

Chacun voudrait à son profit influencer en sens contraire les générations qui naissent.

(*Le Clergé et l'État.*)

Progrès du Pas-de-Calais, 13 *décembre* 1843.

Intervention.

L'appui étranger est toujours impuissant à sauver les gouvernements que la nation n'adopte pas.

(*Fragments historiques.*)

Invention.

Toutes les fois qu'une nouvelle idée surgit, elle entraîne avec elle de nouveaux avantages et de nouveaux inconvénients, l'œuvre du génie est d'établir la balance et de voir de quel côté le plateau s'incline.

(*Études sur le passé et l'avenir de l'artillerie.*)

—Une idée surgit, elle reste à l'état de problème pendant des années, des siècles même, jusqu'à ce qu'enfin des motifications successives lui permettent d'entrer dans le domaine de la pratique.

(*Ibid.*)

— On verra de tout temps des systèmes ou des inventions absurdes.

(*Ibid.*)

J

Justice. — Joseph-Napoléon.

Justice.

La perversité, quelque habile qu'elle soit, a tort de se vanter de ses victoires passagères ; car, en dernier lieu, c'est la justice seule qui triomphe.

(*Fragments historiques.*)

Joseph - Napoléon.

La participation du roi Joseph aux événements

qui ont illustré la république et l'empire s'efface à côté de l'immense figure de son frère; elle s'efface non à cause de l'insignifiance de ses efforts, mais parce que tout paraît petit à côté d'un géant. Car si aujourd'hui il existait parmi nous un homme qui, député, diplomate, roi, citoyen ou soldat, se fût constamment distingué par son patriotisme et ses brillantes qualités, si cet homme pouvait se glorifier de ses triomphes oratoires et de traités avantageusement conclus pour les intérêts de la France : si cet homme eût refusé une couronne parce que les conditions qu'on lui imposait blessaient sa conscience; si cet homme eût conquis un royaume, gagné des batailles et porté sur deux trônes le flambeau des idées françaises; si enfin, dans la bonne comme dans la mauvaise fortune, il fût toujours resté fidèle à ses serments, à sa patrie, à ses amis : cet homme occuperait le plus haut point dans l'estime publique; on lui élèverait des statues.

(*Quelques mots sur Joseph-Napoléon.*)

L

Lâcheté.

La lâcheté ne profite jamais.

(*Fragments historiques.*)

Légitimité.

Français ! tout ce qui a été fait sans vous est illégitime.

(*Proclamation du* 30 *octobre* 1838.)

Liberté.

La liberté est comme un fleuve : pour qu'elle apporte l'abondance et non la dévastation, il faut qu'on lui creuse un lit large et profond. Si dans son cours régulier et majestueux, elle reste dans ses limites naturelles, les pays qu'elle traverse bénissent son passage ; mais si elle vient comme un torrent qui déborde, on la regarde comme le plus terrible des fléaux ; elle éveille toutes les haines, et l'on voit alors des hommes dans leur prévention, repousser la liberté, parce qu'elle détruit, comme si l'on devait bannir le feu parce qu'il brûle, et l'eau parce-qu'elle inonde.

(*Des idées napoléoniennes.*)

— Le plus difficile n'est pas d'acquérir la liberté, c'est de la conserver.

(*Rêveries politiques.*)

— Toutes les organisations récentes qui ont pour

base l'égalité, gênent en quelque sorte la liberté ; ainsi, la conscription, qui est une institution des plus démocratiques, puisqu'elle soumet tous les citoyens aux mêmes charges, entrave cependant à un haut degré la liberté individuelle, puisqu'elle empêche de suivre la profession à laquelle on voudrait s'adonner, et qu'elle fait sacrifier au métier des armes les plus belles années de la jeunesse.

(*L'idée napoléonienne.*)

— Pour être libre, ce qui n'est qu'une conséquence de l'indépendance, il faut que tout le peuple indistinctement puisse concourir aux élections des représentants de la nation ; il faut que la masse, qu'on ne peut jamais corrompre, et qui ne flatte, ni ne dissimule, soit la source constante d'où émanent les pouvoirs.

(*Rêveries politiques.*)

— Il n'y a jamais eu, chez les peuples libres, de gouvernement assez fort pour réprimer longtemps la liberté à l'intérieur, sans donner de gloire au dehors.

(*Fragments historiques.*)

Liberté commerciale.

Nul genre de travail, de culture, de commerce, ne peut être interdit à l'indnstrie des citoyens.

(*Rêveries politiques.*)

Logique.

On ne viole pas impunément la logique populaire.

(*Fragments historiques.*)

Lois.

Les institutions ne doivent pas être faites pour une seule classe, ou pour un seul parti : elles doivent favoriser également tout le monde.

(*Considérations politiques et militaires sur la Suisse.*)

— Les lois doivent se modifier avec les générations, avec les circonstances plus ou moins difficiles.

(*Des idées napoléoniennes.*)

— La tyrannie de la loi doit être l'apanage d'une société démocratique, car c'est là que gît la véritable égalité.

(*Projet de loi sur le recrutement de l'armée.*)
Progrès du Pas-de-Calais, 3 *mai* 1843.

Quelque bien que soient faites les lois, le pouvoir pourra les enfreindre, ou les faire tourner à son profit, si l'opinion publique n'est pas toujours prête à l'arrêter, lorsqu'il s'écarte de la justice.

(*L'idée napoléonienne.*)

— Il faut que toutes les lois portent, gravées sur leur front, le cachet national.

(*Des gouvernements et de leurs soutiens.*)

Louis-Napoléon Bonaparte.

Je représente un principe, une cause, une défaite.

Le principe, c'est la souveraineté du peuple ; la cause, celle de l'Empire; la défaite, Waterloo.

(*Discours à la Cour des Pairs.*)

— Je suivrai toujours, comme je l'entends, la ligne que je me suis tracée, sans m'inquiéter, sans m'arrêter. Rien ne m'ôtera mon calme, rien ne me fera oublier mes devoirs.

(*Discours à l'Assemblée Constituante*).

M

Masses. — Ministres. — Monarchie. — Monarchie de Juillet. — Monastère.

Masses.

Diriger des masses, est plus facile que de suivre leurs passions.

(Lettre à M. Vieillard, du 30 avril 1837.)

Ministres.

Le ministère représente des intérêts immuables

et une influence passagère ; les intérêts immuables doivent être représentés par des hommes immuables, en présence des chambres ; l'influence passagère, au contraire, doit obéir à la manifestation légale du pays.

(*Les spécialités.*)
Progrès du Pas-de-Calais, 17 *novembre* 1843.

La politique doit avoir son orateur, mais les affaires doivent avoir leurs ministres.

(*Ibid.*)

Monarchie.

Je ne vois dans la monarchie ni le principe du droit divin, ni tous les vices que l'on veut y trouver.

Je ne vois uniquement dans le système héréditaire que la garantie de l'intégrité d'un pays. Pour apprécier cette opinion, il suffit de se rappeler que les deux monarchies de France et d'Allemagne n'aquirent en même temps du partage de l'empire de

Charlemagne ; la couronne devint purement élective en Allemagne, elle resta héréditaire en France. Huit cents ans plus tard, l'Allemagne est divisée en douze cents Etats environ : sa nationalité a disparu ; tandis qu'en France le principe héréditaire a détruit tous les petits souverains, et formé une nation grande et compacte.

(*Des idées napoléoniennes.*)

Monarchie de Juillet.

La nature de la royauté de 1830, fut la renaissance des gloires françaises, la souveraineté du peuple, le règne du mérite ; ses passions, la peur, l'égoïsme et la lâcheté.

(*Rêveries politiques.*)

Monastère.

Les monastères vinrent, au moyen-âge, planter

au milieu des forêts, des gens de guerre et des serfs, des germes de lumière, de paix, de civilisation.

(*Extinction du paupérisme.*)

N

Napoléon. — Nation. — Négrophile. — Neutralité. — Noblesse.

Napoléon.

L'Empereur doit être considéré comme le messie des idées nouvelles.

(*Des idées napoléoniennes.*)

— Napoléon en arrivant sur la scène du monde, vit que son rôle était d'être *l'exécuteur testamentaire* de la révolution.

(*Ibid.*)

— Lorsqu'au commencement du XIXe siècle apparut la grande figure de Napoléon, la société tout entière prit un nouvel aspect. Les flots populaires s'apaisèrent, les ruines disparurent, et l'on vit avec étonnement l'ordre et la prospérité sortir du même cratère qui les avait momentanément engloutis.

(*Idée napoléonienne.*)

— Il rêvait avec des chiffres comme un poète rêve avec des vers.

(*Lettre à M. Thayer.*)

— L'empereur Napoléon a contribué plus que tout autre à accélérer le règne de la liberté en sauvant l'influence morale de la révolution, et en diminuant les craintes qu'elle inspirait.

(*Des idées napoléoniennes.*)

— Avec Napoléon cessèrent toutes les passions réactionnaires. Fort de l'assentiment du peuple, il procéda rapidement à l'abolition de toutes les lois injustes, il cicatrisa toutes les plaies, récompensa tous les mérites, adopta toutes les gloires et fit concourir tous les Français à un seul but, la prospérité de la France.

(*Ibid.*)

— C'est parce que l'Empereur fut le représentant des idées vraies de son siècle, qu'il acquit facilement l'ascendant le plus immense. Quant aux idées nuisibles, il ne les attaqua jamais de front, mais il les prit à revers, parlementa, traita avec elles, et enfin les soumit par une influence morale ; car il savait que la violence ne vaut rien contre les idées.

(*Des idées napoléoniennes.*)

— Supérieur aux petites passions, généreux comme le peuple qu'il était appelé à gouverner, l'Empereur professa toujours cette maxime qu'en politique il faut guérir les maux, jamais les venger.

(*Ibid.*)

— L'Empereur ne dépensait pas pour lui la moitié de sa liste civile, et il employait l'excédent, soit à former un fond de réserve, soit à faire exécuter des travaux publics, soit à seconder les manufactures. En 1814, toutes ses réserves furent consacrées à soutenir la guerre nationale.

(*Ibid.*)

— L'empereur Napoléon ne commit pas la faute de beaucoup d'hommes d'état, de vouloir assujétir la nation a une théorie abstraite qui devient alors, pour un pays, comme un lit de Procuste; il étudia au contraire avec soin le caractère du peuple français, ses besoins, son état présent; et d'après ces données il formula un système qu'il modifia encore suivant les circonstances.

(*Des idées napoléoniennes.*)

— Bien différent des autres gouvernements qui ont toujours traité en pays conquis les provinces qu'ils acquéraient, l'Empereur a fait participer toutes les nations dont il fut le maître aux bienfaits d'une administration éclairée; et les pays qu'il incorpora à la France jouirent à l'instant des mêmes prérogatives que la mère patrie.

(*Ibid.*)

— Lorsqu'il donnait des couronnes, il imposait toujours deux conditions au roi qu'il nommait : l'inviolabilité de la constitution et la garantie de la dette publique.

(*Ibid.*)

— Devançant par le génie et le temps et les hommes, heureux, on le crut un dieu, malheureux, on ne vit plus que sa témérité. Emporté par le flot de la victoire, Napoléon ne put être suivi dans son rapide essor par les philosophes, qui, bornant leurs idées au cercle étroit du foyer domestique, pour un rayon de liberté, aidèrent à étouffer le foyer même de la civilisation.

(*Des idées napoléoniennes.*)

— Hommes de la liberté qui vous êtes réjouis de la chute de Napoléon, votre erreur a été funeste! Que d'années s'écouleront encore, que de luttes et de sacrifices avant que vous soyez arrivés au point où Napoléon vous avait fait parvenir.

(*Ibid.*)

— Napoléon avait fermé le gouffre des révolutions: vous l'avez rouvert en le renversant. Prenez garde que ce gouffre ne vous engloutisse.

(*Ibid.*)

— L'Empereur voulait que ses frères, qui devaient désormais être les piliers d'un nouvel édifice, fussent capables de diriger à la fois les affaires militaires et les affaires civiles.

(*Quelques mots sur Joseph Napoléon.*)

— Les grands hommes ont cela de commun avec

la divinité, qu'ils ne meurent jamais tout entiers. Leur esprit leur survit.

(*L'idée napoléonienne.*)

— Lorsque dans l'histoire des temps passés apparût sur la scène du monde un grand homme qui réfléchissait en lui le double caractère de fondateur et de guerrier, on vit toujours les générations qui le suivirent reprendre après sa mort les institutions qu'il avait sanctionnés, l'allure qu'il avait indiquée.

(*Ibid.*)

Nation.

On se battait d'abord de porte à porte, de colline à colline; puis l'esprit de conquête et l'esprit de défense ont formé des villes, des provinces, des états; et un danger commun ayant réuni une grande partie de ces fractions territoriales, les nations se formèrent.

(*Ibid.*)

Négrophile.

L'ardeur de certains hommes s'accroit toujours en raison directe du carré des distances où se trouvent les objets de leur sympathie. Ils sont insensibles à la misère du prolétaire français, au dénûment de l'ouvrier qui habite le même toit qu'eux; mais aussitôt qu'à nos antipodes quelques iniquités se commettent, oh! alors leurs passions s'exaltent, l'humanité qui souffre au bout du monde leur paraît bien plus digne de pitié que celle qui languit dans leur propre patrie. Encore, si réellement ils faisaient du bien à quelqu'un, nous bénirions leurs efforts, car tous les hommes sont frères, malheureusement tout le contraire a lieu.

(*Traite des nègres, les philantropes et le droit de visite.*)

Neutralité.

On ne peut être neutre que de deux manières :

ou en armant pour défendre son territoire s'il était attaqué, ou en considérant son pays comme un cadavre sur lequel tout le monde peut marcher impunément.

(*Considérations politiques et militaires sur la Suisse.*)

— Pour un grand pays, la neutralité le met à l'abri des attaques, car tous ont un intérêt à ne pas avoir à dos un puissant ennemi de plus. Pour un petit État, le fantôme de neutralité n'est qu'une chimère qu'on embrasse avec plaisir, parce qu'elle cache les dangers d'une position difficile ; mais, en effet, elle ne protège nullement l'indépendance.

(*Ibid.*)

Noblesse.

De tout temps, l'autorité, la richesse, et un nom rappelant des souvenirs héroïques, ont joui d'une légitime influence, et le titre qui représentait ces diverses attributions, donnait naturellement à celui qui le portait, une grande considération ; mais lorsque, avec le temps, l'autorité, les richesses, les souvenirs mêmes ont disparu, le titre à lui tout seul ne devait plus jouir d'aucun prestige, car il ne représentait plus rien.

(*Les nobles.*)

Progrès du Pas-de-Calais, du 23 Décembre 1844.

— Les nobles n'avaient pas seulement des privilèges, ils avaient aussi des charges : c'était eux qui soutenaient tout le fardeau des guerres; leur sang et leur or roulaient sans cesse sur tous les champs de batailles. Il n'y avait pas seulement de la puissance, il y avait aussi de la gloire derrière les créneaux.

(*Ibid.*)

— Dans les pays où il existe une aristocratie puissante, les grandes familles furent toujours les défenseurs zélés des libertés, parce qu'elles en avaient besoin pour elles-mêmes, comme garantie contre le pouvoir monarchique, tandis qu'elles s'opposèrent toujours à l'égalité, parce qu'elle attaquait leurs privilèges.

(*L'idée napoléonienne.*)

— Si l'état politique d'une société domine les institutions militaires, celles-ci, à leur tour, réagissent sur la société elle-même. Ainsi avant l'établissement des troupes organisées d'une manière permanente, l'esprit militaire était répandu au plus haut degré dans la noblesse. Celle-ci ne possédait les fiefs qu'à la condition de servir le roi par les armes. La guerre était son métier, son devoir, son élément. Elle fournissait une cavalerie très-nombreuse qui s'éleva souvent de huit à dix mille hommes d'armes.................. La décadence de l'arrière ban, c'est-à-dire de la chevalerie territoriale, devait entraîner, à son tour, la décadence de la noblesse. En s'exemptant du service militaire, la noblesse perdait son prestige, car le prestige ne dérive pas du privilège, mais du devoir que le privilège impose.

(Études sur le passé et l'avenir de l'artillerie.)

— Il n'y a plus, depuis 89, de principautés, de duchés, de comtés, de marquisats, de baronies, et cependant nous avons encore des princes, des ducs, des comtes, des marquis et des barons.

(Les nobles.)

— Si le gouvernement veut reconstruire l'édifice que les rois et le peuple ont mis cinq cents ans à abattre, qu'il adopte les mesures les plus propres à amener ce résultat ; qu'il donne à tous ces nobles en premier lieu le baptême de la gloire, car sans prestige, point de noblesse; qu'il rétablisse le droit d'aînesse, et que l'aîné seul, comme en Angleterre, hérite du titre, car sans cette disposition qui isole le chef de la famille et confond ses frères avec le reste du peuple, l'influence se divise et la noblesse s'éloigne trop des plébéïens.

(*Les nobles.*)

— Si la noblesse avec privilège est opposée à nos idées, sans privilèges elle devient ridicule.

(*Ibid.*)

— Aujourd'hui, si on excepte la famille royale, les titres ne représentent plus rien.

(*Ibid*).

— Il est aussi illogique de créer des ducs sans duchés, que de nommer des colonels sans régiments.

(*Ibid.*)

O

Opinion napoléonienne. — Opinion publique. — Opprimé. — Ordre. — Opposition. — Organisation. Orgueil.

Opinion napoléonienne.

Ma conviction me faisait envisager la cause Napoléonienne comme la seule cause nationale en France, comme la seule cause civilisatrice en Europe.

(Lettre à sa mère.)

L'idée Napoléonienne consiste à allier les idées de liberté, aux idées d'autorité.

(*L'idée napoléonienne.*)

— L'idée Napoléonienne est donc par sa nature une idée de paix, plutôt qu'une idée de guerre, une idée d'ordre et de reconstitution, plutôt qu'une idée de bouleversement. Elle professe sans fiel et sans haine la morale politique que le Grand homme conçut le premier. Elle développe les grands principes de justice, d'autorité, de liberté, qu'on oublie trop souvent dans les temps de trouble.

(*Ibid.*)

— Elle ne procède pas par exclusion, mais par réconciliation ; elle unit la nation au lieu de la diviser ; elle donne à chacun l'emploi qui lui est dû, la place qu'il mérite selon sa capacité et ses œuvres, sans demander compte à personne ni de son opinion, ni de ses antécédents politiques.

(*Ibid.*)

— Elle ne suit ni la marche incertaine d'un parti, ni les passions de la foule ; elle commande par la raison, elle conduit par ce qu'elle marche la première.

(L'idée napoléonienne.)

L'idée Napoléonienne consiste à reconstituer la société française, bouleversée par cinquante ans de révolution, à concilier l'ordre et la liberté, les droits du peuple et les principes d'autorité.

(Ibid.)

— Il n'est plus besoin maintenant de refaire le système de l'Empereur, il se refaira de lui-même; souverains et peuples, tous aideront à le rétablir, parce que chacun y verra une garantie d'ordre, de paix et de prospérité.

(Des idées napoléoniennes.)

Opinion publique.

Que m'importent les cris du vulgaire qui m'appellera insensé, parce que je n'aurais pas réussi, et qui aurait exagéré mon mérite si j'avais triomphé!

(Lettre à sa mère.)

Opposition.

L'opposition n'occupera jamais une grande place dans l'opinion publique, tant qu'elle n'aura pas une passion, un système, un but. Que sa passion soit l'économie, le développement des intérêts matériels, la prépondérance du pays, la gloire ou la liberté, peu importe ; mais il faut que l'opposition ait quelque chose dans le cœur, pour remuer la fibre populaire. Que son système soit anglais, américain, prussien ou turc, il faut qu'elle prouve qu'elle a des opinions fixes pour créer des convictions profondes. Enfin, que le but vers lequel elle marche, soit rapproché ou lointain, il faut, du moins qu'il soit appréciable, compréhensible, pour qu'on le juge ; et, s'il est bon, qu'on le suive; car les peuples se lassent de marcher toujours, sans espoir d'arriver jamais.

(L'opposition.)

Progrès du Pas-de-Calais, 1er *avril* 1843.

— C'est se donner un vernis d'aristocratie, que de blâmer le chef librement élu d'un grand Etat.

(Les conservateurs et Espartero.)

Progrès du Pas-de-Calais, 6 *juillet* 1843.

Opprimés.

On a presque toujours vu dans les temps de troubles, les opprimés réclamer pour eux la liberté et une fois obtenue, la refuser à ceux qui étaient leurs oppresseurs.

(Des idées napoléoniennes.)

Ordre.

Quand le gouvernement, quel que soit sa forme, n'a plus ni force, ni prestige ; que l'ordre n'existe ni dans l'administration, ni dans l'Etat, il faut rétablir l'ordre avant que la liberté soit possible.

(Ibid.)

— Rétablir l'ordre, c'est ramener la confiance, pourvoir par le crédit à l'insuffisance passagère des ressources, restaurer les finances, ramener le commerce.

(Manifeste.)

— Créer l'aisance, c'est assurer l'ordre.

(Analyse de la question des sucres.)

Organisation.

Les masses sans organisation ne sont rien ; disciplinées, elles sont tout. Sans organisation, elles ne peuvent ni parler, ni se faire comprendre ; elles ne peuvent même ni écouter, ni recevoir une impulsion commune.

(Extinction du paupérisme.)

Aujourd'hui, le règne des castes est fini : on ne peut gouverner qu'avec les masses ; il faut donc les organiser pour qu'elles puissent formuler leurs volontés, et les discipliner pour qu'elles puissent être dirigées et éclairées sur leurs propres intérêts.

(Ibid.)

Orgueil.

Le succès engendre l'orgueil, et l'orgueil donne toujours une opinion exagérée de ses forces.

(Études sur le passé et l'avenir de l'artillerie.)

P

Paix. — Paris. — Parti. — Parti napoléonien. — Patrie. — Paupérisme. — Persécution. — Peuple. — Peur. — Philantropie. — Plainte. — Popularité. Pouvoir. — Presse. — Progrès. — Propriété. — Protection, — Publicistes.

Paix.

La paix, c'est l'accord résultant de difficultés applanies ; d'intérêts opposés satisfaits ; c'est la sécurité la plus complète régnant dans la société.

(*La paix.*)

Progrès du Pas-de-Calais, 5 novembre 1844.

— Le premier bienfait de la paix est d'avoir des impôts peu élevés, et d'employer les ressources du pays à donner une grande activité aux relations industrielles, commerciales, et aux communications des hommes entre eux.

(*Analyse de la question des sucres.*)

— Pour asseoir solidement la paix, il faut avoir un système équitable et élevé, oser l'avouer franchement et le défendre avec vigueur ; il faut donner à l'étranger une grande idée de la bonne foi et de la force de la France, tout en prouvant par les faits qu'elle n'a aucune velléité de conquêtes.

(*La paix.*)

— L'histoire offre cent exemples d'une paix sans dignité, amenant toujours une guerre acharnée.

(*Ibid.*)

Paris.

Aujourd'hui, tout afflue à Paris, le centre absorbe à lui seul toute l'activité du pays.

(Extinction du paupérisme.)

— Toute l'Europe se tient par des liens indissolubles. La France est à la tête de la chaîne et du salut de Paris, dépend le salut des libertés de l'Europe entière.

(Considérations politiques et militaires sur la Suisse.)

Partis.

Dans tous les pays, les besoins et les griefs du peuple se formulent en idées, en principes, et forment les partis.

(Fragments historiques.)

— Les partis comme les individus s'accordent plus par une antipathie commune que par une sympathie réciproque.

(*L'union fait la force.*)
Enseignement historique.

— C'est un grand vice de notre organisation constitutionnelle que l'opinion publique de l'homme soit tout ; la valeur intrinsèque des connaissances spéciales ne soient rien.

(*Les spécialités.*)
Progrès du Pas-de-Calais, 17 *novembre* 1843.

— Une lutte ne peut se soutenir qu'à armes égales : et lorsque, dans le tourbillon des révolutions, le vice et la vertu, la vérité et l'erreur se confondent par leur emportement mutuel, ce n'est que par les passions généreuses de l'âme qu'on dompte les passions haineuses des partis.

(*Fragments historiques.*)

— Aujourd'hui, quoiqu'il n'y ait plus de castes, il suffit d'appartenir à la nuance politique qui constitue la majorité de la Chambre pour être réputé capable de remplir tous les ministères.

(*Les spécialités.*)

— Les associations d'individus qui naissent d'un mouvement commun, mais d'esprits différents, ont chacune leurs défauts et leurs passions, comme elles ont aussi chacune leur vérité. Pressées d'agir par la fermentation sociale, elles se heurtent, se détruisent réciproquement, jusqu'à ce que la vérité nationale, se formant de toutes ces vérités partielles, se soit élevée, d'un commun accord, au-dessus des passions politiques.

(*Fragments historiques.*)

— Quand, dans un pays, il y a des partis acharnés les uns contre les autres, des haines violentes, il faut que ces partis disparaissent, que ces haines s'apaissent avant que la liberté soit possible.

(*Des idées napoléoniennes.*)

— Partout deux partis en présence, l'un qui marche vers l'avenir, l'autre qui se cramponne au passé pour conserver les abus.

(*Rêveries politiques.*)

— Dire que le gouvernement doit obéir à l'esprit des masses et favoriser les intérêts généraux, est une maxime vraie, mais trop vague. Quelle est

’opinion de la masse? quels sont les intérêts généraux? Chacun, suivant son opinion, répondra différemment à ces questions.

(Des gouvernements et de leurs soutiens.)

Parti napoléonien.

On vous demandera : où est le parti napolénien? Répondez : Le parti n’est nulle part, et la cause partout. Le parti n’est nulle part, parce que mes amis ne sont pas enrégimentés; mais la cause a des partisans partout, depuis l’atelier de l’ouvrier jusque dans les conseils du roi; depuis la caserne du soldat jusqu’au palais du maréchal de France. Républicains, juste-milieu, légitimistes, tous ceux qui veulent un gouvernement fort, une liberté réelle, une attitude gouvernementale imposante, tous ceux-là, dis-je, sont Napoléonistes, qu’ils s’en rendent compte ou non; car le système impérial n’est pas l’imitation bâtarde des constitutions anglaise ou américaine, mais bien la formule gouvernementale des principes de la révolution : c’est la hiérarchie dans la démocratie, l’égalité dans la loi, la récompense pour le mérite, c'est enfin un colosse pyramidal à bâse large et à tête haute.

(Lettre à M. A. Laity, du 2 juillet 1838.)

Patrie.

Habitué dès mon enfance à chérir mon pays au-dessus de tout, je ne saurais rien préférer aux intérêts français.

(Lettre du 14 décembre 1835.)

Paupérisme.

Il y a une grande différence entre la misère qui provient de la stagnation forcée du travail, et le paupérisme, qui souvent est le résultat du vice.

(Extinction du paupérisme.)

— Répandre dans les classes ouvrières, qui sont les plus nombreuses, l'aisance, l'instruction, la morale, c'est extirper le paupérisme, sinon en entier, du moins en grande partie.

(*Ibid.*)

Persécution.

On peut me persécuter, mais jamais m'avilir.

(*Lettre au Landamann du canton de Thurgovie, du 2 septembre* 1838.)

Peuple.

Les peuples ont tous quelque chose de commun, c'est le besoin de perfectionnement ; ils ont tous quelque chose de particulier : c'est le genre de malaise qui paralyse leurs efforts.

(*Des idées napoléoniennes.*)

— N'ayez d'autre préoccupation que le bien du pays ; et surtout n'ayez pas peur du peuple ; il est plus conservateur que vous.

(*Ibid.*)

Peur.

La politique craintive est la pire de toutes, elle donne du courage à ceux qu'on devait intimider.

(*Considérations politiques et militaires sur la Suisse.*)

Philantropie.

Si la philantropie, qui voit juste et bien, est une des plus belles vertus humaines, la fausse philantropie est le pire de tous les travers.

(*Traite des nègres, philantropes, et droit de visite.*)

Plainte.

En étouffant les plaintes, on ne guérit pas les maux.

(*Fragments historiques.*)

Popularité.

L'idée Napoléonienne, ayant la conscience de sa force, repousse loin d'elle la corruption, la flatterie et le mensonge, ces vils auxiliaires de la faiblesse. Quoiqu'elle attende tout du peuple, elle ne le flatte pas; elle méprise ces phrases de chambellanisme démocratique, avec lesquelles on caresse les masses pour se railler de mesquines sympathies, imitant ces courtisans qui encensaient le grand roi dans sa vieillesse, en vantant les mérites qu'il n'avait plus. Son but n'est pas de se créer une popularité passagère, en rallumant des haines mal éteintes et en flattant des passions dangereuses; elle dit à chacun ce qu'elle pense, roi ou tribun, riche ou pauvre; elle accorde la louange ou jette le blâme, suivant que les actions sont louables ou dignes de mépris.

(*L'idée napoléonienne.*)

Pouvoir.

L'origine d'un pouvoir influe sur toute sa durée,

de même qu'un édifice brave les siècles ou s'écroule en peu de jours, suivant que sa base est bien ou mal assise.

(*Fragments historiques.*)

Presse.

Tout citoyen d'une république doit désirer d'être libre, et la liberté est un vain mot, si l'on ne peut exprimer librement par ses écrits ses pensées et ses opinions.

(*Considérations politiques et militaires sur la Suisse.*)

— Il faut préserver la liberté de la presse des deux excès qui la compromettent toujours : l'arbitraire et sa propre licence.

(*Manifeste.*)

Progrès.

Le devoir de tout gouvernement est de combattre les idées fausses et de diriger les idées vraies, en se mettant hardiment à leur tête.

(*Des idées napoléoniennes.*)

— Le progrès a deux ennemis redoutables, les innovations imprudentes et la routine.

(Études sur le passé et l'avenir de l'artillerie.)

— Un gouvernement peut souvent violer la légalité et même la liberté ; mais, s'il ne se met pas franchement à la tête des grands intérêts de la civilisation, il n'a qu'une durée éphémère, et cette simple raison philosophique, qui est la cause de sa mort, est appelée fatalité, lorsqu'on ne veut pas s'en rendre compte. *(Fragments historiques.)*

— Le but du progrès est d'obtenir le plus grand effet possible, avec le moins d'effort et de dépense.

(Considérations politiques et militaires sur la Suisse.)

— La nature n'est pas stationnaire. Les institutions vieillissent, tandis que le genre humain se rajeunit sans cesse. L'un est l'ouvrage fragile des hommes, l'autre celui de la divinité...

Il existe des moments de transition d'un progrès à un autre des nécessités de changements pour détruire les abus et pour remettre les lois en rapport avec les exigences du jour.

Si des bornes immuables empêchent la civilisation de s'étendre, le progrès est retardé ; mais la transition, au lieu d'être douce et facile sera marquée par une explosion qui bouleversera l'édifice social, et sera d'autant plus forte qu'il lui aura fallu plus de temps et d'efforts pour se faire jour.

(*Considérations politiques et militaires sur la Suisse.*)

— Le progrès ne disparaît jamais, mais il se déplace souvent.

(*Des idées napoléoniennes.*)

— Depuis que le monde existe, le progrès a toujours eu lieu. Pour le reconnaître, il suffit de mesurer la route suivie par la civilisation.

(*Ibid.*)

— Tout système qui ne renferme pas en lui un moyen d'accroissement continuel est défectueux.

(*Extinction du paupérisme.*)

— La civilisation ne procède point par bonds : elle suit une marche plus ou moins prompte, mais toujours régulière et graduée. Il y a filiation dans les idées comme dans les hommes, et les progrès humains ont une généalogie dont on peut suivre les traces à travers les siècles, comme on remonte vers la source oubliée des grands fleuves.

(*Études sur le passé et l'avenir de l'artillerie.*)

Propriété.

Le droit de propriété est celui qui appartient à

tout citoyen de jouir et de disposer à son gré de ses biens, de ses revenus, du fruit de son travail et de son industrie.

(*Rêveries politiques.*)

— Protéger la propriété, c'est maintenir l'inviolabilité des produits de tous les travaux ; c'est garantir l'indépendance et la sécurité de la possession, fondements indispensables de la liberté civile.

(*Manifeste.*)

Protection.

On doit protéger ceux qui souffrent et non ceux qui prospèrent.

(*Analyse de la question des sucres.*)

Publicistes.

Une des raisons qui engagent les patriotes à écrire, c'est le désir ardent d'améliorer la condition des peuples.

(*Rêveries politiques.*)

R

Réaction. — Réforme. — Règne. — Regret. — Religion. — Remplacement. — République. — Réserves. — Résistance. — Restauration. — Revers. Révolution. — Richesse. — Routine. — Ruine.

Réaction.

Là où il n'y a pas eu de révolution, il est aisé de comprendre que le pouvoir soit rétif aux inovations et s'entoure de privilèges ; mais là où il y a eu révolution, là où le peuple a renversé un pouvoir odieux pour ramener la gloire et la liberté, voir les vaincus profiter de la victoire, étouffer l'enthousiasme et relever ce que le peuple avait détruit dans sa colère, c'est ce qui surpasse l'imagination et ce qui doit servir de leçon à la postérité.

Rêveries politiques.)

Réforme.

Non seulement un même système ne peut pas convenir à tous les peuples, mais les lois doivent se modifier avec les générations, avec les circonstances plus ou moins difficiles.

(Études sur le passé et l'avenir de l'artillerie.)

— Un peuple a toujours le droit de revoir, de réformer, et de changer sa constitution. Une génération ne peut assujétir à ses lois les générations futures.

Des rêveries politiques.

— Prêcher le maintien d'un état fébrile et maladif, au lieu de chercher le remède efficace, c'est le propre de l'ineptie et de la sottise.

(*L'idée napoléonienne.*)

Règne.

Il faut règner ou par la force morale ou par la force brutale.

(*L'union fait la force. Enseignement historique.*)

— Elle est triste l'histoire d'un règne qui ne se signale que par des procès politiques et des traités honteux, et qui ne laisse après lui au peuple qu'un germe de révolution, et aux rois qu'un exemple déshonorant.

(*Fragments historiques.*)

Regret.

On peut regretter ce que l'on a perdu sans se repentir de ce que l'on a fait.

(*Lettre de sa mère.*)

Religion.

Protéger la religion et la famille, c'est assurer la liberté des cultes et la liberté de l'enseignement.

(Manifeste.)

— Oter au clergé sa rétribution de l'État, c'est exclure le pauvre de l'Église.

(Le clergé et l'État).

Progrès du Pas-de-Calais, 13 *décembre* 1843.

— Toutes les cérémonies du culte doivent être gratuites pour le peuple.

(Ibid.)

— Lorsque la religion chrétienne s'étendit, les nations l'adoptèrent avant de comprendre toute sa morale. L'influence d'un grand génie, semblable en cela à l'influence de la divinité, est un fluide qui se répand comme l'électricité, exalte les imaginations, fait palpiter les cœurs, et entraîne parce qu'elle touche l'âme avant que de persuader.

(L'idée napoléonienne.)

Remplacement.

En Prusse, on ne connaît pas ce trafic, qu'on peut appeler traite des blancs, qui se résume par ces mots : « Acheter un homme quand on est riche, pour se dispenser du service militaire, et envoyer un homme du peuple se faire tuer à sa place. » Il n'y a pas de remplaçant.

(*Projet de loi sur le recrutement de l'armée.*)
Progrès du Pas-de-Calais, 5 *mai* 1843.

République.

La nature de la république fut d'établir le règne de la liberté et de l'égalité; et les passions qui la firent agir, l'amour de la patrie et l'extermination de tous ses ennemis.

(*Rêveries politiques.*)

— Le mot république n'est pas une désignation de principes, ce n'est qu'une forme de gouvernement. Ce n'est pas un principe, parce qu'elle ne garantit pas toujours l'égalité et la liberté. République, dans son acception générale, ne signifie que le gouvernement de plusieurs.

(*Considérations politiques et militaires sur la Suisse.*)

— La principale mission d'un gouvernement républicain, surtout, c'est d'éclairer, et, par la manifestation de la vérité, de dissiper l'éclat trompeur que l'intérêt personnel des partis fait briller à ses yeux.

(*Message à l'Assemblée législative.*)

— La république n'a pas d'ennemis plus implacables que ces hommes qui, perpétuant le désordre, nous forcent à changer la France en un camp, nos idées d'amélioration et de progrès en préparatifs de lutte et de défense.

(*Proclamation du* 13 *mai* 1849.)

Réserves.

Ce sont les réserves qui gagnent les batailles.

(*Etudes sur le passé et l'avenir de l'artillerie.*)

Résistance.

Le don le plus funeste que la Providence puisse faire à un gouvernement qui lutte contre l'esprit national, c'est de lui accorder de faciles victoires ; son triomphe l'énivre, et il prend pour un symptôme de force ce qui n'est qu'une faveur passagère de la fortune.

(*Fragments historiques.*)

— On n'impose jamais sa volonté ni sa personne à un grand peuple.

(*Ibid.*)

Restauration.

La nature de la restauration fut une liberté octroyée pour faire oublier la gloire, et ses passions le rétablissement des anciens priviléges et la tendance à l'arbitraire.

(*Ibid.*)

Revers.

La crainte du peuple, l'absence d'une organisation militaire, telle fut constamment la cause de nos revers.

(*Études sur le passé et l'avenir de l'artillerie.*)

Révolution.

Les États ne périssent que par trop d'orgueil ou trop de lâcheté.

(*Quelques mots sur Joseph Napoléon.*)

— La France lutte tour à tour depuis quarante ans entre les révolutions et les contre-révolutions ; la religion des principes y est à créer.

(*L'idée napoléonienne.*)

— Attribuer à des événements secondaires la

chute des empires, c'est prendre pour la cause du péril ce qui n'a servi qu'à le déclarer.

(*Fragments historiques.*)

— Les sociétés ne subissent pas ces bouleversements, qui compromettent souvent leur existence, pour changer de chef seulement.

(*Ibid.*)

— Maintenir la paix en réveillant des symboles de guerre ; protéger les persécutés en faisant cause commune avec les persécuteurs ; charger le peuple d'impôts, pour faire assister les flottes et l'armée à des traités honteux ; tendre journellement tous les ressorts du pouvoir, sans même garantir le repos public, voilà les inconséquences dont le peuple tôt ou tard doit demander compte.

(*Ibid.*)

— Le grand mouvement de 1789 a eu deux caractères distincts, l'un social, l'autre politique. La révolution sociale a triomphé malgré nos revers, tandis que la révolution politique a échoué malgré les victoires du peuple. Là est toute la cause du malaise qui nous tourmente.

(*L'idée napoléonienne.*)

— En général, les révolutions conduites et exécutées par un chef tournent entièrement au profit des masses ; car, pour réussir, le chef est obligé d'abonder entièrement dans le sens national, et, pour se maintenir, il doit rester fidèle aux intérêts qui l'ont fait triompher ; tandis qu'au contraire les révolutions faites par les masses ne profitent souvent qu'aux chefs, parce que le peuple croit, le lendemain de sa victoire, son ouvrage achevé, et qu'il est dans son essence de se reposer longtemps de tous les efforts qu'il lui a fallu pour vaincre.

(*Fragments historiques.*)

— La grande difficulté des révolutions est d'éviter la confusion dans les idées populaires.

(*Des idées napoléoniennes.*)

— Que sont les intentions les plus pures au milieu d'événements qui se précipitent et de passions qui se heurtent ? des pieux plantés au travers d'un torrent qui s'écoule ! La furie des flots les emporte ; l'histoire seule les recueille !

(*Quelques mots sur Joseph-Napoléon*).

— Une insurrection contre un pouvoir établi

peut être une nécessité, jamais un exemple qu'on puisse convertir en principe.

(*Réponse à M. de Lamartine.*)

— Il faut plaindre les peuples qui veulent récolter avant d'avoir ensemencé la terre et donné à la plante le temps de germer, d'éclore et de mûrir. Une erreur fatale est de croire qu'il suffise d'une déclaration de principes pour constituer un nouvel ordre de choses.

(*Des idées napoléoniennes.*)

— Il faut bien se convaincre d'une chose, c'est qu'en France les masses ne sont pas révolutionnaires par nature, et que, lorsqu'on bâtit avec elle, on bâtit solidement.

(*L'idée napoléonienne.*)

— Notre devoir est de faire la part entre les idées fausses et les idées vraies qui jaillissent d'une révolution; puis cette séparation faite, il faut se mettre à la tête des unes et combattre courageusement les autres.

La vérité se trouvera en faisant appel à toutes les intelligences, en ne repoussant rien avant de l'avoir approfondi, en adoptant tout ce qui aura été soumis à l'examen des hommes compétents, et qui aura subi l'épreuve de la discussion.

(Message à l'Assemblée législative.)

Richesse.

La richesse d'un pays dépend de la prospérité de l'agriculture et de l'industrie, du développement du commerce intérieur et extérieur, de la juste et équitable répartition des revenus publics.

(Extinction du paupérisme.)

— Ce qui doit nous consoler et nous encourager, c'est de constater les éléments de force et de richesse que renferme notre pays.

(Message à l'Assemblée législative.)

Routine.

Non-seulement la routine conserve scrupuleusement comme un dépôt sacré les vieilles erreurs, elle s'oppose encore de toutes ses forces aux améliorations les plus légitimes et les plus évidentes.

(Études sur le passé et l'avenir de l'artillerie.)

— La routine amoureuse des vieilles pratiques a conservé pendant des siècles les usages les plus stupides.

(Ibid.)

Ruine.

Tuer ce qui doit vivre est un plaisir barbare, contraire aux lois de la nature. C'est ur crime et une faute.

(Analyse de la question des st[illegible]cs.)

S

Schismatique. — Science. — Sciences exactes. — Socialisme. — Société. — Souvenir. — Souverain. — Souveraineté. — Spécialité. — Stabilité. — Suffrage universel. — Sympathie.

Schismatique.

Malheureusement en politique, comme en religion, on préfère trop souvent celui qui est entièrement opposé à vos principes, au schismatique, qui n'en diffère que par des nuances imperceptibles.

(Considérations politiques et militaires sur la Suisse.)

Science.

On ne peut décrire les différentes phases d'un art sans faire en quelque sorte l'histoire de la civilisation; car tout se tient dans le savoir humain, et chacune de ses conquêtes a besoin du concours de toutes les autres.

(*Études sur le passé et l'avenir de l'artillerie.*)

Sciences exactes.

Il fallait une révolution comme celle de 89, et un homme comme Napoléon, pour élever au-dessus des langues mortes les sciences physiques et mathématiques qui doivent être le but de notre société actuelle, car elles forment des travailleurs au lieu de former des oisifs.

(*Lettre à M. Thayer.*)

Socialisme.

La centralisation des intérêts et des entreprises est dans la nature du despotisme. La nature de la République repousse le monopole.

(Manifeste.)

Société.

La société n'est pas un être fictif, c'est un corps en chair et en os, qui ne saurait prospérer qu'autant que toutes les parties qui le composent sont dans un état de santé parfaite.

(Extinction du paupérisme.)

— La société renferme en elle deux éléments contraires : d'un côté immoralité et progrès, de l'autre malaise et désorganisation,

(Des idées napoléoniennes.)

— Comme le corps humain, une société ne prospère qu'autant que les parties dont elle est composée remplissent chacune régulièrement leurs fonctions ; l'immobilité d'une seule entraîne la ruine de toutes les autres. Or, la tête, siége de l'intelligence, doit conduire le reste du corps; ou, si elle manque à sa mission, elle meurt avec lui.

(*De l'opposition.*)

Progrès du Pas-de-Calais, du 1er *avril* 1843.

Souvenir.

Chaque homme porte en lui un monde composé de tout ce qu'il a vu et aimé et où il rentre sans cesse, alors même qu'il parcourt un monde étranger ; j'ignore alors ce qui est le plus douloureux de se souvenir des malheurs qui vous ont frappé ou du temps qui n'est plus.

(*Lettre à sa mère.*)

Souverain.

Un souverain ne reste à la tête d'une société en travail, qu'à la condition de la diriger, et il ne dirige qu'à la condition de favoriser et de régler les idées nouvelles.

(Fragments historiques.)

— On peut gouverner une société tranquille et régulière avec les seuls dons de l'esprit ; mais lorsque la violence a remplacé le droit, et que la marche méthodique de la civilisation a été rompue, un souverain ne regagne le chemin qu'il a perdu qu'en prenant de ces grandes et subites résolutions que le cœur seul inspire.

(Ibid.)

— Il est facile à un souverain de contenter une opposition parlementaire, et de faire croire à sa bonne foi, en trompant par ses promesses.

(Ibid.)

— Quelque puissance matérielle que possède un

chef, il ne peut disposer à son gré des destinées d'un grand peuple ; il n'a de véritable force qu'en se faisant l'instrument des vues de la majorité.

(Ibid.)

— Un homme de cœur ne veut pas régner par amour du rang suprême, mais pour accomplir une mission et pour faire triompher une cause.

(Ibid.)

— Les deux premières qualités pour le chef d'un grand peuple sont de savoir devancer l'opinion publique et pardonner.

(Les conservateurs et Espartero.)
Progrès du Pas-de-Calais, 6 *juillet* 1843.

Souveraineté.

La souveraineté réside dans le peuple, elle est une indivisible, imprescriptible et inaliénable.

(Rêveries politiques.)

Spécialité.

Quelque capacité qu'ait un ministre ou les membres d'une commission d'une assemblée législative, leur travail ne sera jamais aussi parfait que si, après l'élaboration des hommes spéciaux, il avait subi préalablement une discussion approfondie.

(*Analyse de la question des sucres.*)

— Un gouvernement doit savoir utiliser tous les mérites, et donner à chacun le poste où il peut rendre le plus de services à la société.

(*L'idée napoléonienne.*)

Stabilité.

La stabilité fait seule le bonheur d'un peuple, sans confiance dans l'avenir, point d'esprit vital dans la société, point de commerce, point d'entreprises bienfaisantes; les masses souffrent de la stagnation de tous les éléments de prospérité qui sont arrêtés par la crainte d'un bouleversement prochain.

(*Considérations politiques et militaires sur la Suisse.*)

— La forme du gouvernement est stable lorsqu'elle est appuyée sur toute la nation, parce qu'alors aucune classe n'est repoussée, que la carrière est ouverte à tous les mérites sans donner prise aux ambitions funestes des factions ; parce qu'enfin le pouvoir a la force nécessaire pour protéger sans avoir celle d'empiéter sur les droits du peuple.

(*Rêveries politiques.*)

— Un gouvernement est inébranlable lorsqu'il peut se dire : ce qui profitera au plus grand nombre, ce qui assurera la liberté des citoyens, fera aussi la force de mon autorité et consolidera mon pouvoir.

(*Des idées napoléoniennes.*)

— Le gouvernement sera stable, lorsque les institutions ne seront point exclusives, c'est-à-dire lorsque, ne favorisant aucune classe, elles seront tolérantes pour toutes, et surtout en harmonie avec les besoins et les désirs de la majorité de la nation.

(*Ibid.*)

— Je veux, en m'entourant de toutes les sommités du pays, sans exception, et en m'appuyant uniquement sur la volonté et les intérêts des masses, fonder un édifice inébranlable.

(*Proclamation du* 6 *août* 1840.)

Suffrage universel.

Qu'un gouvernement accepte franchement le principe de la souveraineté du peuple, c'est-à-dire l'élection, il aura pour lui tous les esprits; car quel est l'individu, la caste, le parti qui oserait attaquer le droit, produit légal de la volonté de tout un peuple?

(*Des gouvernements et de leurs soutiens.*)

— Lorsque le peuple vote en masse sur la place publique et donne directement son suffrage, c'est, pour ainsi dire, tout le sang d'un corps qui afflue vers la tête ; il y a malaise, congestion, étourdissement.

(*L'idée napoléonienne.*)

— Les intérêts même du peuple y sont mal représentés, parce que ce n'est plus la réflexion et le jugement qui élisent, mais la passion et l'entraînement du moment qui décident du choix.

(*Ibid.*)

— Les ennemis de la souveraineté populaire vous diront : le système électif a partout amené des troubles. A Rome, il a partagé la république entre Marius et Sylla, entre César et Pompée ; l'Allemagne a été en feu pour l'élection des empereurs ; la chrétienté a été troublée par le choix des papes : on a vu trois apôtres de Saint-Pierre se disputer son héritage ; la Pologne a été ensanglantée pour le choix des rois ; tandis qu'en France, le système héréditaire a, pendant trois cents ans, surmonté toutes les dissensions.

D'autres répondront : le système électif a gouverné Rome pendant 450 ans, et Rome fut la reine, le foyer de la civilisation. Le système héréditaire n'a pas arrêté les révolutions qui chassèrent une fois les Wasa, deux fois les Stuart et trois fois les Bourbons. Si le principe héréditaire a empêché les *guerres d'élections,* comme celles de Pologne et celles d'Allemagne, il y a substitué les *guerres de successions*, comme la rose rouge et la rose blanche, la guerre pour le trône d'Espagne, celle de Marie-Thérèse ; et d'ailleurs, ce principe, souvent oppressif, a fait naître les seules guerres légitimes, c'est-à-dire les guerres d'indépendance.

(Considérations politiques et militaires sur la Suisse.)

— Un gouvernement, fort de l'assentiment des masses, s'élance hardiment vers l'avenir, et, loin de s'acharner à deblayer une mine épuisée par le temps, il met tous ses soins à exploiter les couches les plus fécondes de la nature morale et physique, les nobles instincts d'un grand peuple, et les immenses ressources d'un grand empire.

(Des gouvernements et de leurs soutiens.)

Sympathie.

Entre vous et moi, il y a des liens indissolubles ; nous avons les mêmes haines et les mêmes amours, les mêmes intérêts et les mêmes ennemis.

(*Proclamation du* 6 *août* 1840.)

T

Tentative. — Théoricien. — Théorie. — Traité. — Travail. — Tyrannie.

Tentative.

Rarement les grandes entreprises réussissent du premier coup ; on dirait qu'il faut qu'elles s'aiguisent d'abord contre les obstacles de tout genre.

(*Fragments historiques.*)

Théoriciens.

Mettons-nous en garde contre ces hommes à théories plus brillantes que vraies, qui poursuivent une idée sans se préoccuper des effets contraires qu'elle produit, et qui, voulant embrasser le monde entier de leur amour, font le malheur du genre humain.

(Traite des nègres, philantropes, droit de visite.)

Théorie.

Des années s'écoulent avant qu'un peuple mette la main sur l'endroit de ses blessures. Plus les griefs réels semblent faciles à proclamer, plus les esprits s'élancent dans le mysticisme des théories.

(Ibid.)

— Un fait malheureux se trouve à chaque page de l'histoire ; c'est que, plus les maux d'une société sont réels et patents aux yeux des bons esprits, plus une minorité aveugle se lance dans le mysticisme des théories.

(*Message à l'assemblée législative.*)

Traité.

On se fie sur un traité signé par toutes les puissances : mais les différents Etats ne sont jamais retenus par la froide observation des traités; c'est la force irrésistible du moment qui les allie ou les divise.

(*Considérations politiques et militaires sur la Suisse*).

Travail.

Le vil prix de la marchandise, dépend du vil prix du travail, et le vil prix du travail, c'est la misère du peuple.

(*Analyse de la question des sucres.*)

— Le premier intérêt d'un pays ne consiste pas dans le bon marché des objets manufacturés, mais dans l'alimentation du travail. Créer le plus d'activité possible, employer tous les bras oisifs, tel doit être le premier soin d'un gouvernement.

(Ibid.)

Il n'y a que deux systèmes : l'un qui place l'alimentation du travail bien avant le bon marché du produit; l'autre, qui considère le bas prix de la marchandise comme le premier élément de prospérité.

(Ibid.)

Tyrannie.

La tyrannie retrempe les hommes.

(Rêveries politiques.)

U

Uniforme.

Uniforme.

Gustave-Adolphe et Louis XIV, passent pour avoir été les premiers souverains qui aient donné aux régiments un costume uniforme; cependant, comme en tout temps, chaque troupe avait cherché à se distinguer de ses ennemis, soit par la couleur des croix brodées sur les casaques, soit par les plumets, de même on voit que, dès 1589, tous les soldats que conduisait La Noue, avaient des casaques rouges.

(*Études sur le passé et l'avenir de l'artillerie.*)

V

Vérité. — Victoire. — Vie.

Vérité.

Ce qui distingue les grands hommes, ce qui enflamme leur ambition, ce qui les rend absolus dans leurs volontés, c'est l'amour de la vérité qu'eux seuls croient connaître.

(Lettre à M. Thayer.)

TABLE DES MATIÈRES.

Imprimerie D'AUBUSSON, place de la Bourse, 8 (rue Feydeau, 7).

www.ingramcontent.com/pod-product-compliance
Ingram Content Group UK Ltd.
Pitfield, Milton Keynes, MK11 3LW, UK
UKHW020247250726
13967UKWH00004B/1555

9 782012 883246